LES 1001 FAITS INSOLITES DE L'HISTOIRE

www.bourin-editeur.fr

LES 1001 FAITS INSOLITES DE L'HISTOIRE

DIMITRI CASALI
ANTOINE AUGER

bourin éditeur

PRÉFACE

TÉMOIGNAGES, ANECDOTES, RÉCITS...

Nous avons sélectionné pour vous le plus étrange et le plus surprenant de l'histoire du monde. Des faits bruts, des informations chocs, des témoignages sur le vif qui nous racontent le passé en instantané.

Pourquoi les Crétois pratiquaient-ils le kidnapping ?
Quand a été conçu le premier véritable livre ?
Quelle est la plus ancienne arme de destruction massive ?
Comment les femmes accouchent-elles au Moyen Âge ?
Quelles sont les bonnes manières au XVIe siècle ?
Qui a inventé les patins à roulettes ?
Pourquoi les Alliés ont-ils utilisé des chars en caoutchouc en 1944 ?
Comment une simple conférence de presse a-t-elle pu changer le monde en 1989 ?

LISTES, STATISTIQUES, CLASSEMENTS, PALMARÈS, RECORDS...

Nous avons réuni les chiffres clés et les comparaisons les plus éclairantes. Autant de données qui nous plongent au cœur des sociétés avec leurs besoins et leurs passions. Autant de repères qui remettent en question les idées reçues et renversent les certitudes.

Combien coûte un esclave en Grèce antique ?
Quelle était la consommation de blé de la ville de Rome au Ier siècle ?
La France est-elle plus riche que Venise au XVe siècle ?
Combien gagne un cocher sous Louis XIV ?
Combien dépense un ouvrier agricole à la même époque ?
Combien de litres de vin boit un Parisien au XVIIIe siècle ?

DOCUMENTS, OBJETS, IMAGES, INVENTIONS...

À travers une riche iconographie, nous vous dévoilons le petit musée des objets les plus improbables, les plus bizarres ou les plus décalés de l'histoire : les différents soutiens-gorge de la Rome antique ; une œuvre pornographique du Moyen Âge ; une planche anatomique pour traiter la fistule à l'anus ; la première automobile de l'histoire ; le premier découpage de la France en départements ; le dentier de George Washington ; les photos truquées de Staline...

Et si, dans leur incroyable diversité, toutes ces informations nous en apprenaient plus sur le passé que de longs discours ? Et si elles dessinaient un portrait plus cru, plus fort, plus intime, plus authentique d'une époque et d'une société. C'est tout le pari de ce « livre kaléidoscope ».

Que vous soyez passionné d'histoire ou pas, tous ces faits insolites vous amuseront sûrement et vous offriront un autre regard sur la vie de nos ancêtres, totalement différent de celui que vous avez pu garder de vos études... L'iconographie est délibérément originale et décalée pour comprendre les différentes représentations d'un personnage ou d'un événement au cours du temps.

En cinq grandes parties chronologiques, l'ouvrage réunit une mine d'informations hétéroclites sur l'histoire du monde. Tout en adoptant un ton léger et anecdotique, ce livre permet des découvertes et des confrontations intéressantes, et donne du recul sur l'histoire mondiale de chaque période. Les néophytes y découvriront des faits insolites, amusants et une approche originale de l'histoire ; les amateurs éclairés y trouveront une manière d'aborder l'histoire non conventionnelle, avec des comparaisons éclairantes et des informations originales.

LES AUTEURS

SOMMAIRE

3

LES TEMPS MODERNES P.90

4

LE XIXE SIÈCLE P.126

5

LE XXE SIÈCLE P.166

La reine d'Égypte
a fasciné des
générations
d'historiens,
d'écrivains,
d'artistes
et de réalisateurs
de cinéma.
En 1963,
Joseph L. Mankie
réalise *Cléopâtre*,
un péplum
grandiose avec
Élizabeth Taylor d
le rôle titre
et Richard Burton
dans celui de
Marc Antoine.

L'ANTIQUITÉ

ENTRE 2 FLEUVES LA MÉSOPOTAMIE

LES PREMIÈRES ÉCRITURES

Vers 3 300 avant J.-C.	Apparition des pictogrammes (Mésopotamie)
Vers 3 150 avant J.-C.	Premiers hiéroglyphes (Égypte)
Vers 2 800 avant J.-C.	Apparition de l'écriture cunéiforme (Mésopotamie)
Vers 1 750 avant J.-C.	Écriture dite « linéaire A » (Crète)
Vers 1 700 avant J.-C.	Premiers glyphes olmèques (Amérique centrale)
Vers 1 500 avant J.-C.	Alphabet protosinaïque (Sinaï)
Vers 1 400 avant J.-C.	Premiers pictogrammes chinois
Vers 1 400 avant J.-C.	Alphabet d'Ougarit (Syrie et côte du Levant)
Vers 1 400 avant J.-C.	Écriture dite « linéaire B » (Crète)
Vers 1 200 avant J.-C.	Alphabet phénicien, avec 22 lettres
Fin du IXe siècle avant J.-C.	Premiers alphabets grecs
403 avant J.-C.	Adoption de l'alphabet ionien (24 lettres) à Athènes
Vers 400 avant J.-C.	Premier alphabet latin, avec 20 lettres

JOUR NÉFASTE !

« Mois de Nisan, le premier jour. Voué à Enlil.
Jour néfaste. Inquiétant pour le malade :
le médecin n'y doit pas toucher.
Le devin n'y formulera pas non plus de décision divinatoire.
Ce jour ne convient pas pour qui veut réaliser ses désirs.
On n'y mangera ni poisson, ni poireau,
Sous peine de malheur. Si l'on nettoie ses vêtements,
On aura le cœur satisfait. Une offrande de nourriture
Est à présenter à Enlil et Ninlil [...] »

IIe millénaire avant J.-C.

Cité *in* R. Labat, *Hémérologies et Ménologies d'Assur*, 1939.

LA DOT D'UNE JEUNE ET RICHE MÉSOPOTAMIENNE

« Une esclave nommée Anashumiya-liblut, des boucles d'oreille en or pesant 2 sicles [16 grammes], une marmite d'une contenance de 20 litres, 5 étoffes, 12 vêtements, 11 turbans, 2 coffres, une vache, 15 moutons, une pierre de meule pour moudre la farine, une pierre de meule en basalte, un lit en bois de pommier, 6 chaises, une table en bois-muisuk-kannum, 4 bols en bois, voilà tout ce que Nabium-Atpalam, son père, a donné à sa fille Amat-Asalluhi. »

Tablette d'argile traduite par B. Lion et C. Michel, *in* « La vie des femmes ordinaires en Mésopotamie », *Les Collections de l'Histoire* n° 22.

UNE RECETTE MÉSOPOTAMIENNE : LE BOUILLON À LA CUSCUTE

« Tu mets en place de l'eau ; tu y ajoutes de la graisse ; de la cuscute [sorte de liseron] à suffisance ; de l'oignon et du samidu [ingrédient inconnu] ; de la coriandre ; du cumin ; du poireau et de l'ail. La marmite posée sur le fourneau, c'est prêt à servir. »

Recette traduite par J. Bottéro et présentée dans son livre *La plus vieille cuisine du monde*, Audibert, 2001.

LE DÉLUGE AVANT LA BIBLE

Le mythe du Déluge est bien antérieur à la Bible, mise par écrit à partir du Xe siècle avant J.-C. Il figure déjà dans une grande épopée mésopotamienne, *la Légende de Gilgamesh*, qui remonte à 1 200 avant J.-C.

« Lorsqu'arriva le septième jour,
Je pris une colombe et la lâchai.
La colombe s'en fut puis revint :
N'ayant rien vu où se poser, elle s'en retournait.
[Puis] je pris une hirondelle et la lâchai.
L'hirondelle s'en fut, puis revint :
N'ayant rien vu où se poser, elle s'en retournait.
[Puis] je pris un corbeau et je le lâchai.
Le corbeau s'en fut, mais, ayant trouvé le retrait des eaux,
Il picora, il croassa, il s'ébroua, mais ne s'en revint plus. »

L'Épopée de Gilgamesh, onzième tablette, vers 145-154, traduction de J. Bottéro, Gallimard, 1992.

LE CALENDRIER MÉSOPOTAMIEN

Les Mésopotamiens découpent l'année en douze mois lunaires de 30 jours.

Saison chaude

Nisan : mars-avril
Ayyar : avril-mai
Siman : mai-juin
Dumuzi : juin-juillet
Ab : juillet-août
Elul/Ulul : août-septembre

Saison froide

Tesrit : septembre-octobre
Warahsamma : octobre-novembre
Kislim : novembre-décembre
Tebet : décembre-janvier
Sabat : janvier-février
Addar : février-mars

Cité *in* J. Bottéro, *La plus vieille religion du monde : en Mésopotamie*, Gallimard, 1998.

L'ANCIENNE ÉGYPTE

POPULATION

Vers 2 500 avant J.-C., l'Égypte compte environ 1,5 million d'habitants. À l'époque de Ramsès II, vers 1 250 avant J.-C., environ 3 millions. À l'époque des Ptolémées, vers 150 avant J.-C., environ 4 millions.

CALENDRIER

Ce sont les variations du Nil qui ont déterminé les cycles du calendrier égyptien. La saison « Akhet » (juillet à septembre) correspond à la période de la crue du fleuve qui apporte l'eau et les limons fertiles nécessaires aux cultures. « Péret » (octobre à février) est la saison de la décrue et des travaux agricoles. « Shémou » (mars à juin) est la saison de la sécheresse, correspondant au niveau le plus bas du Nil. L'année égyptienne compte 365 jours. Elle est divisée en 12 mois de 30 jours chacun, auxquels on rajoute 5 jours supplémentaires.

ARCHÉOLOGIE

L'égyptologue anglais Howard Carter passe dix années à chercher la tombe de Toutankhamon qu'il découvre en 1922 ; dix ans à en enlever tous les objets (dont quatre ans pour parvenir à la momie) ; et dix à cataloguer les 5 000 objets découverts.

LE POIDS DE TOUTANKHAMON

Le sarcophage de Toutankhamon, en or massif, pèse 1 110,4 kg. Son masque funéraire, en or, pèse 10,25 kg. Toutankhamon possède 100 paires de sandales.

CULTURE

Plus de 600 000 manuscrits sont détruits dans l'incendie de la Grande Bibliothèque d'Alexandrie en 47 avant J.-C.

Il faut douze ans à un scribe pour apprendre à écrire les centaines de hiéroglyphes. Cet apprentissage commence dès l'âge de quatre ans.

Le plus long papyrus - 40 m - se trouve au British Museum, à Londres. Le plus vieux est au musée du Caire et date d'environ 2 400 ans avant J.-C.

PYRAMIDES

Napoléon Bonaparte a fait calculer qu'avec le volume des pierres utilisées pour bâtir les trois pyramides, on aurait pu entourer la France d'un mur haut de 3 m et large de 30 cm !

Certains blocs de la Grande Pyramide de Khéops pèsent 15 tonnes et dans la chambre du roi jusqu'à 60 tonnes.

La pyramide de Khéops reste le plus grand monument élevé sur terre jusqu'à l'édification de la tour Eiffel en 1889.

La pyramide de Saqqara peut être considérée comme le plus vieux monument de pierre construit dans le monde, vers 2 600 avant J.-C.

RELIGION

Au XVe siècle avant J.-C., les prêtres du dieu Amon doivent se baigner deux fois durant la journée et deux fois durant la nuit afin de se purifier.

L'Égypte est citée 680 fois dans la Bible alors qu'Israël n'est mentionné qu'une seule fois sur les innombrables inscriptions que les archéologues ont retrouvées en Égypte.

Au Moyen Âge un émir arabe fait tirer au canon sur le visage du Sphinx car il ne supporte plus son sourire païen !

MESURES

Le deben est l'unité de valeur des Égyptiens. Elle correspond à 91 g et leur sert de monnaie lors de leurs échanges. Un ouvrier gagne en moyenne 10 deben par mois. Un bœuf vaut 50 deben.

EN MUSIQUE

La trompette découverte dans la tombe de Toutankhamon retentit, pour la première fois depuis 1 336 avant J.-C., en 1939 sur les ondes de la BBC soit 3 275 années plus tard.

AU CINÉMA

En 1932, dans le premier film hollywoodien où une momie est ramenée à la vie, le grand acteur Boris Karloff s'inspire directement de la momie de Ramsès III pour son maquillage !

Le film *Cléopâtre* de 1963 avec Liz Taylor a longtemps détenu le record du film le plus cher de l'histoire du cinéma avec 44 millions de dollars. Il a été couronné de quatre oscars. Dans ce film, l'actrice entre, dans une Rome reconstituée, sur un sphinx presque aussi gros que celui du plateau de Gizeh.

MOMIES ET SARCOPHAGES

- Le 26 septembre 1976, la momie de Ramsès II est accueillie à l'aéroport de Paris par la garde d'honneur présidentielle, comme il convient à un invité royal, même s'il est mort depuis 3 200 ans.
- Au Moyen Âge, la poudre de momie égyptienne devient une potion très populaire ayant des pouvoirs de guérisons magiques.
- Plus de 4 millions d'ibis momifiés furent découverts à Saqqarah.
- Certains historiens grecs racontent que le corps d'Alexandre le Grand était conservé aux IIe et Ier siècles avant J.-C. enduit de miel dans un sarcophage en verre.
- Après sa découverte en 1881, la momie de Ramsès Ier est laissée trop longtemps au soleil, la résine commence à fondre et le bras du pharaon à bouger, terrifiant ainsi les ouvriers arabes.
- Les yeux du dieu Horus sont peints sur les sarcophages pour permettre à la momie de voir le monde des vivants. De même, une petite porte, factice, permet à l'esprit du mort de sortir et de rentrer.
- La statue de Ramsès II, qui est sans doute la plus grande statue jamais taillée dans un seul bloc de granit, mesure 17 m de haut, et pèse environ 1 000 tonnes. Elle se dresse à l'entrée du Ramesseum. Elle gît aujourd'hui en plusieurs morceaux à cet endroit.

PAGE DE DROITE
Après sa mort, le pharaon est éviscéré, purifié et embaumé. Son corps est disposé dans un sarcophage puis solennellement transporté par bateau jusqu'à sa chambre funéraire, située au cœur de la pyramide.

LE DÉCOMPTE DES MORTS

Après une bataille, pour évaluer le nombre de morts ennemis, les Égyptiens coupent les bras et les sexes des soldats morts, avant de les ordonner en tas qui serviront de trophées de guerre au pharaon. Ces monceaux de membres sont scrupuleusement répertoriés par les scribes, comme le montre cette inscription réalisée après la victoire de Ramsès III (1 186-1 154 avant J.-C.) contre les Peuples de la mer. On ignore pourquoi ils ont, à cette occasion, été groupés en cinq tas distincts.

« Total des mains : 12 659 – Total des mains : 12 532

« Total des phallus : 1 868 – Total des mains : 12 535

« Total des phallus : 12 535. »

L'Empire des Ramsès, de Claire Lalouette, © Fayard, 1985, pour la traduction française.

L'ÉGYPTE
INVENTIONS ET CURIOSITÉS

COMMODITÉS
Le plus vieux siège de toilette au monde fut découvert à Amarna, la cité d'Akhenaton (vers 1 350 avant J.-C.). On plaçait, en dessous, un large récipient rempli de sable.

CIRCULATION
2 400 ans avant le canal de Suez, un premier canal relie le Nil et la mer Rouge.

SOCIAL
Une des plus anciennes grèves a lieu sous Ramsès III vers 1 150 avant J.-C. ; elle est menée par les ouvriers qui construisaient son tombeau.

POLITIQUE
Le tout premier traité de paix de l'histoire
(entre Hattousili III, le roi des Hittites, et le pharaon Ramsès II, vers 1 280 avant J.-C.).

« Maintenant, à dater de ce jour, vois, Hattousili, le grand chef du Hatti, a rédigé un traité pour permettre que soient fixées les relations qu'a créées Rê et qu'a créées Soutekh, du pays d'Égypte avec le pays du Hatti, et pour éviter que des ennemis ne les séparent – pour l'éternité.
Vois, c'est Hattousili, le grand chef du Hatti, qui l'a établi avec Ousermaâtrê-Setepenrê, le grand chef de l'Égypte, afin de permettre que, à dater de ce jour, la paix existe et une bonne fraternité entre eux, pour toujours. Il fraternisera avec moi et il sera en paix avec moi ; je fraterniserai avec lui et je serai en paix avec lui, pour toujours… Et les enfants des enfants du grand chef du Hatti fraterniseront et seront en paix avec les enfants des enfants de Ramsès-aimé-d'Amon, le grand chef de l'Égypte. Cela fait partie de nos relations de fraternité et de nos relations de paix que le peuple d'Égypte soit en paix et fraternise avec le pays du Hatti, tout entier et pour toujours. »

L'Empire des Ramsès, de Claire Lalouette, © Fayard, 1985, pour la traduction française.

DU PÉTROLE !

« Cette terre de Cissie, appelée Ardéricca, est à deux cent dix stades de Suse et quarante stades de ce puits qui fournit trois produits différents, car on y puise du bitume, du sel et de l'huile, de la manière suivante : le liquide, puisé à l'aide d'une pompe à bascule qui porte, au lieu d'un seau, la moitié d'une outre, est versé dans un bassin, puis s'écoule ailleurs et prend trois formes différentes : le bitume et le sel se solidifient aussitôt ; l'huile que les Perses appellent rhadinacé est noire et d'odeur désagréable. »

Hérodote, *L'Enquête*, Vᵉ siècle avant J.-C., livre 6, 119, traduction A. Barguet, Gallimard, 1964.

LES CHATS, DES ANIMAUX SACRÉS

« Lorsqu'un incendie éclate, les chats se comportent de la façon la plus étrange : tandis que les Égyptiens font la chaîne autour des flammes pour veiller sur leurs chats, sans se soucier d'éteindre l'incendie, ceux-ci se glissent entre les hommes ou bondissent par-dessus leur tête pour se jeter dans le feu. Pareils événements sont un grand deuil pour les Égyptiens. Dans la maison où un chat vient à mourir de sa belle mort, tous les habitants se rasent les sourcils seulement ; s'il s'agit d'un chien, ils se rasent la tête et le corps tout entier. On emporte les chats morts dans des bâtiments consacrés à Bubastis avant de leur donner une sépulture. »

Hérodote, *L'Enquête*, livre II, 66, traduction de A. Barguet, Gallimard, 1964.

UN CADEAU ORIGINAL...

Au IIIᵉ millénaire avant J.-C., les pharaons font organiser des expéditions en Afrique. Horkhouef (ou Hirkhouf), le gouverneur d'Éléphantine, explore ainsi le pays de Iam (Nubie). De son voyage, il ramène au pharaon Pépi II (2 246-2 151 avant J.-C.) un curieux présent. Impatient, le jeune pharaon lui écrit cette lettre :

« Tu as dit [...] que tu as ramené un Pygmée du pays des habitants de l'horizon à l'est pour les danses du dieu [...]. Tu as dit à Ma Majesté que jamais personne d'autre qui a parcouru Iam n'a ramené une créature semblable [...]. Viens donc à la Résidence en bateau tout de suite. Quitte les autres et amène avec toi ce nain [...] vivant, sain et sauf pour les danses du dieu et pour réjouir le cœur du roi de Haute et Basse-Égypte Néferkarê, qu'il vive éternellement. S'il monte avec toi dans le bateau, place des hommes capables pour dormir autour de lui des deux côtés du bateau pour éviter qu'il ne tombe dans l'eau. [...] Effectue un contrôle dix fois par nuit. Ma Majesté souhaite voir ce nain plus que les produits des carrières du Pount. Si tu arrives à la Résidence, tandis que ce nain est avec toi, vivant, sain et sauf, Ma Majesté va te donner une récompense plus grande que celle donnée au trésorier du dieu Ourdjéddba au temps d'Izézi. »

Traduction de A. Roccati, *La Littérature historique sous l'Ancien Empire égyptien*, LAPO, Paris, 1982, cité par N. Grimal, *Histoire de l'Égypte ancienne*, Fayard, 1988, p. 114.

LA CIVILISATION GRECQUE

QUELQUES CHIFFRES POUR MIEUX COMPRENDRE

La population d'Athènes vers 430 avant J.-C.

Citoyens (les seuls à participer à la vie politique de la cité) : 40 000 personnes

Femmes et enfants de citoyens : 100 000 personnes

Métèques (étrangers établis à Athènes) : 15 000 personnes

Femmes et enfants des métèques : 15 000 personnes

Esclaves : 100 000 personnes

Les ingénieurs mettent au point des tours de siège de 20 m de hauteur, actionnées par 3 400 hommes.

Au Ve siècle av. J.-C., les Grecs consomment 60 litres d'huile par an dont un quart pour l'alimentation.

Les catapultes grecques peuvent projeter des pierres pesant près de 80 kg à une distance de 150 m !

Alexandre le Grand parcourt 18 000 kilomètres en 11 ans de 336 à 323 avant J.-C.

Au IVe siècle avant J.-C., les Athéniens importent 800 000 médimnes de blé par an (soit 420 000 hectolitres).

GRANDS TRAVAUX ET DÉCOUVERTES

Percement de l'isthme de Corinthe : 590 avant J.-C.

Premières voûtes de l'histoire : 370 avant J.-C.

Construction du phare d'Alexandrie : 280 avant J.-C.

Première machine à vapeur, l'éolipile d'Héron d'Alexandrie : 2e moitié du IIe siècle avant J.-C.

DES POIDS ET MESURES

Longueur

1 doigt = 1,85 cm

1 palme = 7,4 cm

1 pied = 29,6 cm

1 coudée = 1 ½ pied = 44,4 cm

1 coudée ordinaire = 44,4 cm

Distance

1 pas = 0,740 m

1 plèthre = 100 pieds = 29,6 m

1 stade = 600 pieds = 177,6 m

Poids

1 drachme = entre 4,32 g et 4,576 g

1 mine = 100 drachmes = entre 432 g et 457,6 g

1 talent = 60 mines = 6 000 drachmes = entre 25,920 kg et 27,456 kg

Volume

Pour les produits liquides

1 cotyle = 0,27 l

1 chénice = 4 cotyles = 1,08 l

1 conge = 3 chénices = 3,24 l

1 amphore = 2 conges = 19,44 l

1 métrète = 2 amphores = 38,88 l

1 artabe = 38 l (mesure utilisée seulement en Égypte)

Pour les produits solides

1 cotyle = 0,27 l

1 chénice = 4 cotyles = 1,08 l

1 médimne = 192 cotyles = 51,84 l

Superficie

1 plèthre carré = 10 000 pieds carrés (soit 876 métres carrés)

NE PAS CONFONDRE AMPHORE ET PITHOS !

L'amphore sert uniquement au transport des liquides (vin, huile…) et des solides (blé). C'est le conteneur de l'Antiquité.

Le pithos (la « jarre ») sert uniquement au stockage des liquides et des solides.

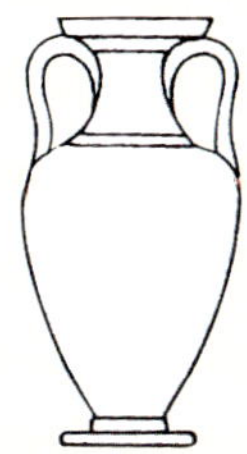

amphore

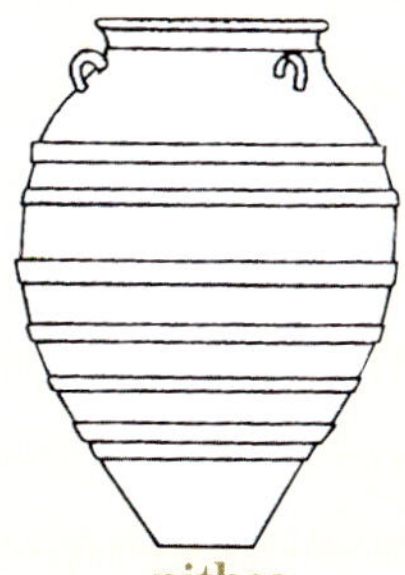

pithos

LES 12 TRAVAUX D'HÉRACLÈS

1	**Le lion de Némée**	Cette créature a été envoyée par Héra dans le site de Némée.	Héraclès étrangle le monstre, revêt sa peau et se coiffe de sa crinière.
2	**L'hydre de Lerne**	Cette créature à neuf têtes vit dans les marais près de Lerne.	Héraclès décapite le monstre, une tête après l'autre.
3	**La biche de Cérynie**	Cette biche possède des cornes d'or et des pieds d'airain.	Après une année de chasse, Héraclès parvient à capturer vivante cette biche.
4	**Le sanglier d'Érymanthe**	Ce sanglier vit sur le mont d'Érymanthe.	Héraclès le capture vivant.
5	**Les écuries d'Augias**	Ces écuries abritent les 3 000 chevaux d'Augias. Elles n'ont jamais été nettoyées depuis trente ans.	C'est en détournant les fleuves Alphée et Pénée qu'Héraclès parvient à nettoyer, en une journée, ces écuries.
6	**Les oiseaux du lac Stymphale**	Ces oiseaux dévorent les hommes vivant près du lac Stymphale.	Héraclès tue à l'arc plusieurs de ces créatures.
7	**Le taureau de Crète**	Ce taureau fou furieux dévaste les récoltes des paysans de Crète.	Héraclès parvient à dompter le taureau.
8	**Les juments de Diomède**	Ces chevaux se nourrissent de chair humaine.	Héraclès réussit à tuer le roi de Thrace, Diomède, et ramène le troupeau à Mycènes.
9	**La ceinture d'Eurysthée**	Cette ceinture a été offerte par Arès à sa fille, la reine des Amazones, Mais elle est convoitée par la fille d'Eurysthée.	Après avoir vaincu les Amazones, Héraclès ramène à Eurysthée la ceinture d'Hippolyte.
10	**Les bœufs de Géryon**	Ces bœufs appartiennent à Géryon, un monstre à trois têtes.	Héraclès tue Géryon et s'empare de son troupeau.
11	**Les pommes d'or des Hespérides**	Ces pommes d'or sont situées dans un jardin gardé par les Hespérides et le géant Atlas.	Héraclès vole les pommes d'or.
12	**Le cerbère**	Ce chien à trois têtes est le gardien du royaume des morts.	Héraclès descend aux Enfers, libère Thésée et emporte Cerbère à Mycènes avant de le libérer.

PAGE DE DROITE
Buvards publicitaires des années 50.

Paul Grimault
CHAVANE-PARIS
Augias avait trois mille bœufs dans d'immenses étables très sales. Hercule détourna un fleuve pour les nettoyer ! Après cet énorme travail, il " récupéra " en avalant force Vache Qui Rit.
La vache qui rit 50 %
C'est un fromage... et un bon fromage
SÉRIE :
TRAVAUX D'HERCULE
Buvard N° 1

Paul Grimault
CHAVANE-PARIS
Un terrible lion s'attaquait aux troupeaux de la vallée de Némée. Hercule le tua avant que cet affreux fauve n'eût dévoré La Vache Qui Rit.
La vache qui rit 50 %
C'est un fromage... et un bon fromage
SÉRIE :
TRAVAUX D'HERCULE
Buvard N° 9

SPORTS ET JEUX

COURSE À PIED

Stade : 180 à 200 mètres
Diaulon (double stade) : 360 à 400 m
Dolichos (course de fond) : 1 300 m à 4 000 m
Hippios : 720 à 800 m

SPORTS DE COMBAT

Palè : lutte qui consiste à faire tomber son adversaire pour lui plaquer, par trois fois, les épaules au sol.
Pancrace : boxe où tous les coups sont permis, sauf de mordre son adversaire et de lui toucher les yeux.

COURSE EN ARMES

C'est un *diaulon* (360 à 400 mètres) auquel se livrent des athlètes équipés d'un casque, de jambières et d'un bouclier.

AUTRES DISCIPLINES

Saut en longueur (en réalité double ou triple saut avec des haltères)
Lancer du disque
Lancer du javelot

LES JEUX OLYMPIQUES DE L'ANTIQUITÉ

Les premiers jeux se sont déroulés en 776 avant J.-C. dans la cité d'Olympie, un sanctuaire consacré à Zeus. Ils se tiennent tous les quatre ans et durent six jours. Durant cette période, toutes les cités grecques arrêtent de se faire la guerre.

AU PROGRAMME DES JEUX OLYMPIQUES !

1er jour : cérémonie religieuse ; les athlètes puis les juges jurent d'être tous nés Grecs et promettent de respecter les règles.

2e jour : courses à pied et courses en armes.

3e jour : sacrifice de bœufs, lutte, pugilat et *pancrace*.

4e jour : pentathlon : course à pied, saut en longueur, lancer du disque, lancer du javelot, lutte.

5e jour : courses de chars et de chevaux.

6e jour :remise des récompenses aux vainqueurs puis banquet.

LES PERFORMANCES

Au IVe siècle avant J.-C., Phayllos de Crotone a lancé le disque à 95 pieds (29 mètres) et a effectué un triple saut de 55 pieds (16,30 mètres).

Au Ier siècle avant J.-C., un athlète de Milet a remporté le double stade à Olympie, le stade, le double stade et la course en armes aux jeux de Delphes et de Némée, ainsi que la course du trophée à Platées.

LES RÉCOMPENSES

Pas de médailles, mais...

Pour les Jeux olympiques : une couronne d'olivier sauvage.

Pour les Jeux néméens : une couronne d'ache (céleri).

Pour les Jeux isthmiens : une couronne de pin.

Pour les Jeux rhodiens : une couronne de peuplier.

Pour les Jeux delphiques : des pommes.

Pour les Jeux d'Argos : un bouclier.

Pour les Panathénées (Athènes) : une amphore d'huile d'olive.

LES JEUX OLYMPIQUES SONT RÉSERVÉS AUX HOMMES !

« Phérénice de Rhodes, fille de Diagoras le pugile, avait tant de force de caractère que les habitants d'Elée la prirent d'abord pour un homme. Donc, elle entra dans l'enceinte à Olympie, cachée (c'est-à-dire, dissimulant son sexe) sous un manteau, et entraîna son propre fils, Pisidore. [...] Lorsqu'on découvrit la fraude, on éprouva de la répugnance à tuer Phérénice [...] car toute la famille de Phérénice était composée de vainqueurs olympiens ; mais on promulgua une loi d'après laquelle le gymnaste devait se déshabiller, et ne pas échapper à un examen. »

Philostrate, *De la gymnastique*, IIe siècle, traduit par Ch. Daremberg, Firmin-Didot, 1858.

DU SEXE EN GRÈCE

LA GRÈVE DU SEXE CHEZ ARISTOPHANE (411 AVANT J.-C.)

« **Démobilisette :** Nous autres femmes, si nous voulons forcer nos hommes à faire la paix, il faut renoncer… au zob. Eh bien, vous me tournez le dos ? pourquoi ?… Vous faites la moue, vous me tournez la tête, pourquoi ? Vous changez de couleur, vos yeux sont gros de larmes, pourquoi ? pourquoi ? Aurez-vous le courage oui ou non ? Vous hésitez ? pourquoi ?
« **Victoire :** Je ne pourrai jamais ! Non, que la guerre aille son train. Tout ce que tu voudras d'autre ! Je veux bien, s'il le faut, passer au travers du feu ! Oui, j'aimerais mieux ça que ton truc ! Le zob, Lisette chérie, il n'y a rien qui vaille ça ! »

Aristophane, *Lysistrata*, traduction de V.-H. Debidour, 1960.

KIDNAPPING EN CRÈTE !

Dans la Grèce antique, l'éducation des garçons des élites est souvent pédérastique, le préadolescent (appelé éromène) étant initié, sur le plan intellectuel, physique et sexuel, par un citoyen d'âge mûr, l'éraste.

« Touchant les relations amoureuses, les Crétois ont une coutume très particulière. Ce n'est pas en effet par la persuasion que les amants viennent à bout de ceux qu'ils poursuivent de leur assiduité, mais par le rapt. […] L'amant annonce trois jours à l'avance à ses amis qu'il a l'intention de procéder à l'enlèvement. Cacher l'enfant qu'il convoite ou ne pas le laisser s'engager sur la route prévue pour le rapt serait de leur part le comble de l'insulte, car cela signifierait aux yeux de tous qu'il n'est pas digne d'appartenir à un amant d'aussi haut rang. […] Après lui avoir souhaité la bienvenue et lui avoir remis des cadeaux, l'amant lui fait quitter la contrée et le conduit dans l'endroit qui lui plaît. […] Après avoir festoyé chez lui et chassé avec lui pendant deux mois – la loi ne permet pas de retenir l'enfant plus longtemps – ils redescendent en ville. »

Éphore, IVe siècle avant J.-C., cité par Strabon *in Géographie*.

PAGE DE DROITE
Lysistrata est l'un des personnages les plus marquants des comédies d'Aristophane. Cette belle Athénienne réussit à convaincre les femmes des cités grecques de mener une grève du sexe, pour faire cesser la guerre entre Athènes et Sparte.

WALÉRY
PARIS

« JE PRENDS, JE PRENDS ! »

Un serment de mariage en Grèce antique

Le père de la future mariée : « Je te confie ma fille pour que tu procrées des enfants légitimes, et je te donne une dot de... »
Le futur époux : « Je prends, je prends. »

Extrait du *Dyscolos*, comédie de Ménandre, rédigée vers 316 avant J.-C. (vers 841-844).

ÉPOUSES ET CONCUBINES

« Nous avons les courtisanes pour le plaisir ; les concubines pour les soins de tous les jours ; les épouses, pour avoir une descendance légitime et une gardienne fidèle à l'intérieur de la maison. »

Pseudo-Démosthène, *Contre Néaira*, traduction L. Gernet, Belles Lettres.

BLAGUES ANTIQUES

« C'est un jeune homme qui invite deux vieilles en rut. Il dit à ses serviteurs : « Donnez du vin à celle qui veut boire, et à l'autre de l'amour. » Elles s'écrient alors en chœur : « On n'a pas soif ! »

Extrait du *Philogélos*, IIIe ou IVe siècle, traduction d'Arnaud Zucker.

« C'est un homme qui a si mauvaise haleine que personne ne se rend compte qu'il pète tout le temps. »

Philogélos, l'ami du rire, traduction d'A. Zucker, © Mille et une nuit, Fayard, 2008.

LE SERMENT DES ÉPHÈBES

« Je ne déshonorerai pas les armes sacrées, je n'abandonnerai pas mon compagnon là où je me trouverai posté ; je combattrai pour les principes sacrés, ceux des dieux comme ceux des hommes, je ne laisserai pas la patrie amoindrie mais au contraire plus grande et plus forte, de mon propre chef et avec le concours de tous ; j'obéirai aussi à ceux qui se succèdent sagement aux affaires, ainsi qu'aux lois établies et à toutes celles qui pourront être établies avec sagesse. Si quiconque cherche à les renverser, je ne le laisserai pas faire, de mon propre chef ou avec le concours de tous ; j'honorerai les cultes de mes ancêtres.
« En sont témoins les divinités Aglauros, Hestia, Enyo, Enyalios, Arès et Athéna Areia, Zeus, Thallo, Auxo, Hégémone, Héraclès, ainsi que les frontières de ma patrie, les blés, les orges, les vignes, les olives et les figues. »
Inscription du IVe siècle avant J.-C. gravée sur une stèle retrouvée en 1938. Cependant, le texte était déjà connu grâce aux textes de l'orateur Lycurgue puis de l'historien Plutarque.

Traduction de J.-M. Bertrand, *Inscriptions historiques grecques*, « La roue à livre », Belles Lettres, 1992.

RICHES ET PAUVRES

LES MONNAIES EN GRÈCE ANTIQUE

1 talent = 60 mines

1 mine = 100 drachmes

1 statère d'or = 20 drachmes

1 drachme = 6 oboles

Salaire moyen annuel d'un ouvrier athénien : 1 mine par an

1 médimne de blé (soit 51,84 l ou 31 kg) vaut 2 drachmes à Athènes au Ve siècle avant J.-C.

LES ATHÉNIENS LES PLUS RICHES

Diphilos : sa fortune atteint les 160 talents (soit 9 600 fois ce que gagne un ouvrier athénien en un an !)

Phainippos : il possède un domaine de 7 kilomètres de circonférence, qui produit 525 hectolitres de blé et 280 hectolitres de vin par an.

D'après P. Carlier, *Le IVe siècle grec*, Seuil, 1995.

À VENDRE ESCLAVES

Le commerce et la vente d'esclaves sont l'un des piliers sur lesquels est construite toute l'organisation des sociétés de l'antiquité.

Homme adulte :

550 drachmes

Mineur :

180 drachmes

LES SYMBOLES DES MONNAIES GRECQUES

Chaque cité grecque a sa monnaie aux symboles particuliers.

Athènes : la chouette ou le profil d'Athéna, déesse de la cité, le rameau d'olivier

Égine : la tortue

Syracuse : la nymphe Aréthuse entourée de dauphins

Messine : le lièvre, la tête de pan

Aspendos : les lutteurs ou les lanceurs de poids

Ainos : la chèvre

Thourioi : le taureau

Rhegion : le lion

Corinthe : le cheval ailé Pégase

Thèbes : le bouclier

Éphèse : l'abeille, le cerf

DIEUX GRECS ET ROMAINS

GRECS	ROMAINS	
APHRODITE	VÉNUS	Déesse de la beauté, de l'amour et de la fécondité
APOLLON	APOLLON	Dieu de la médecine, de la lumière et des arts Dieu du Soleil pour les Romains
ARÈS	MARS	Dieu de la guerre
ARTÉMIS	DIANE	Déesse de la chasse Déesse de la Lune pour les Romains
ASCLÉPIOS	ESCULAPE	Dieu de la médecine
ATHÉNA	MINERVE	Déesse des arts, des techniques et de la sagesse
CRONOS	SATURNE	Dieu du Ciel ; règne sur les Titans Dieu de l'agriculture pour les Romains
DÉMÉTER	CÉRÈS	Déesse des moissons
DIONYSOS	BACCHUS	Dieu de la végétation, notamment de la vigne et du vin
ÉROS	CUPIDON	Dieu de l'Amour
GAIA	TERRA	Déesse de la Terre
HÉPHAÏSTOS	VULCAIN	Dieu-forgeron du feu et des métaux
HÉRA	JUNON	Déesse du mariage et de l'accouchement ; protectrice des femmes mariées ; reine des dieux
HERMÈS	MERCURE	Messager des dieux ; protecteur des voyageurs, des voleurs et des marchands
HESTIA	VESTA	Gardienne du foyer
HYPNOS	SOMNUS	Dieu du sommeil
HADÈS	PLUTON	Dieu des Enfers et des morts
POSÉIDON	NEPTUNE	Dieu des Mers
RHÉA	OPS	Épouse de Cronos et déesse mère
OURANOS	URANUS	Dieu du ciel et père des Titans
ZEUS	JUPITER	Dieu suprême

À DROITE
Les cérémonies religieuses grecques et romaines ont fasciné les peintres « pompier », notamment le Britanique Laurence Alma-Tadema (1839-1912). Les Grecs et les Romains pensent que des dieux nombreux et invisibles les entourent à chaque instant de leur vie quotidienne.
The Vintage Festival (détail), Sir L. Alma-Tadema, 1870.

ROME DANS TOUS SES ETATS !

LES DIX COMMANDEMENTS DES ROMAINS

Respect des ancêtres.

Respect de la parole donnée.

Sens de la discipline.

Obéir à l'autorité de l'État.

Rien n'est plus sacré que l'amour de la patrie.

Ténacité : ne jamais se laisser abattre par les revers.

Maîtriser ses passions.

Sens du sacrifice pour la cité.

Fidélité et constance.

Se préparer à mourir.

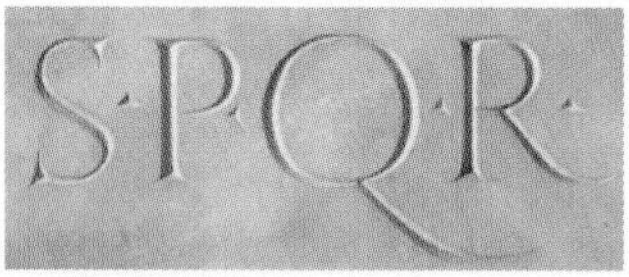

La devise de Rome *Senatus populusque romanus.* Cette devise signifie « le Sénat et le Peuple romain ». On la trouve sur les monnaies, les monuments, les temples... Ces lettres résument les principes de la République romaine : le Sénat gouverne en accord avec les citoyens. Encore aujourd'hui, on lit « SPQR » sur le drapeau de la ville de Rome.

LE PLUS GROS NAVIRE MARCHAND DE L'ANTIQUITÉ

L'**Isis**, construit au IIe siècle

Longueur : 53 m

Largeur : 14 m

Profondeur : 12,80 m

Tonnage : 1 200 t

soit l'équivalent d'une nef italienne du XVIe siècle

LES DEVOIRS DU CITOYEN ROMAIN

Census : se présenter au recensement.

Militia : faire la guerre.

Tributum : payer l'impôt.

LES DROITS DU CITOYEN ROMAIN

Jus commercii : le droit de propriété.

Jus conubii : le droit de se marier.

Jus legis actionis : le droit d'intenter une action judiciaire.

Jus suffragii : le droit de vote.

Jus honorum : le droit d'être élu.

Jus sacrorum : le droit de participer aux sacerdoces.

Jus provocationis : le droit d'en appeler au peuple lors des procès criminels.

LES CHIFFRES DE L'EMPIRE ROMAIN AU IIE SIÈCLE APRÈS J.-C.

Un territoire immense de 5 400 000 km².

La meilleure armée du monde avec seulement 300 000 légionnaires.

Des murs de pierre de 70 km de long pour défendre l'Empire, comme le mur d'Hadrien, ouvrage colossal ininterrompu allant d'une côte à l'autre de la Bretagne (Angleterre) pour la protéger des invasions des tribus barbares.

90 000 km de routes pavées.

Des tunnels de 1 000 m de long.

Des ponts indestructibles de 45 m de haut (Alcantara en Espagne).

Les plus grands jeux sont organisés sous Trajan : 14 000 gladiateurs y participent durant 123 jours.

Des immeubles de 7 étages hauts de 20 m.

Des villas de 300 pièces.

200 années de *Pax Romana* (« paix romaine »), un record inégalé dans l'histoire…

L'Empire romain compte 70 millions d'habitants alors que l'humanité à cette époque s'élève à près de 300 millions de personnes. La ville de Rome abrite 1 million d'habitants et compte 14 aqueducs.

UN EMPIRE COLOSSAL

Début du IIe siècle après J.-C. :	60 millions d'habitants
Fin du IIe siècle :	70 millions d'habitants
Fin du IIIe siècle :	50 millions d'habitants

ROME CAPITALE GÉANTE

600 avant J.-C. :	15 000 habitants
550 avant J.-C. :	30 000 habitants
Alors qu'Athènes compte 400 000 habitants	
500 avant J.-C. :	100 000 habitants
IIIe siècle avant J.-C. :	200 000 habitants
Vers 130 avant J.-C. :	375 000 habitants
Fin du Ier siècle après J.-C. :	750 000 habitants
Au milieu du IIe siècle après J.-C. : 1 million d'habitants pour 5 400 000 km².	
À la fin du IVe siècle :	350 000 habitants

Par comparaison, Londres atteint 1 million d'habitants en 1 800 seulement.

POPULATION DE QUELQUES CITÉS AU IIE SIÈCLE APRÈS J.-C.

Alexandrie : 500 000 habitants

Carthage : 300 000 habitants

Lepcis Magna : 80 000 habitants

Lyon : 40 000 habitants

Utique : 30 000 habitants

Volubilis : 25 000 habitants

Toulouse : 20 000 habitants

Bordeaux : 20 000 habitants

UN HOROSCOPE ROMAIN

« Bélier, Cancer, Balance, Capricorne. Quand la lune sera dans ces signes tropicaux, il est avantageux de prêter ou d'emprunter de l'argent, de rédiger son testament, de tisser la toile, de laver les laines, de castrer le bétail, de rédiger un contrat de location, de changer de séjour. »

QUELQUES SALAIRES AU DÉBUT DU IVE SIÈCLE

Rhéteur : 250 deniers/jour
Artiste peintre : 150 deniers/jour
Maçon : 50 deniers/jour
Maître d'école : 50 deniers par élève et par mois
Ouvrier agricole : 25 deniers/jour
Berger : 20 deniers/jour
Scribe de première classe : 25 deniers les cent lignes
Scribe de deuxième classe : 20 deniers les cent lignes

LE PREMIER VÉRITABLE LIVRE DE L'HISTOIRE LE CODEX

Apparu au Ier siècle après J.-C., le Codex, formé de feuilles de parchemin reliées par une ficelle, remplace le vieux *volumen* (rouleau).

Une librairie bien connue de Rome : *Chez Atrectus*, à l'opposé du forum de César.

QUELQUES PRIX AU DÉBUT DU IVE SIÈCLE

1 poulet : 30 deniers
1 paon : 300 deniers
1 citron : 24 deniers
Deux douzaines d'huîtres : 24 deniers
1 lion d'Afrique de première qualité : 150 000 deniers
1 lion d'Afrique de seconde qualité : 125 000 deniers
1 lionne : 100 000 deniers

INSCRIPTIONS SUR DES COLLIERS D'ESCLAVES DU IVE SIÈCLE

« Moi, Asellus, esclave de Praejectus, employé dans l'administration du préfet de l'annone, je suis parti hors des murs ; capture-moi parce que je me suis enfui, et ramène-moi au temple de Flora, au quartier des Perruquiers. »

« Femme adultère et prostituée. Attrape-moi parce que je me suis enfuie de Bulla Regia [près de Tunis]. »

LES POIDS ET MESURES DU MONDE ROMAIN

Les étalons de poids et mesures sont conservés au Capitole. Plusieurs magistrats, comme les édiles pendant la République puis le préfet de la Ville à l'époque impériale, sont chargés de vérifier régulièrement auprès des commerçants qu'ils sont bien respectés.

Longueur

1 doigt = 0,018 m
1 paume = 4 doigts = 0,073 m
1 pied = 16 doigts = 0,29 m
1 palmipes = 1 pied + 1 paume = 20 doigts = 0,36 m
1 coudée = 24 doigts = 0,44 m
1 degré = 2 pieds + 2 paumes = 0,736 m
1 pas = 5 pieds = 1,472 m
1 mille = 1 000 pas = 1 472 m

Superficie

1 pied carré = 0,088 m²
1 jugère = 25 ares, soit la superficie qui peut être labourée par un homme en une journée
1 centurie = 200 jugères = 50 hectares
1 saltus = 4 centuries = 200 hectares

Poids

1 once = 27,25 g
1 livre = 12 onces = 327 g

Volume

Pour les produits solides	*Pour les produits liquides*
1 setier = 0,547 l	1 setier = 0,548 l
1 conge = 3,283 l	1 conge = 6 setiers = 3,28 l
1 boisseau = 16 setiers = 8,788 l	1 quadrantal = 26,364 l
	1 tonneau = 527,28 l

LA COLLINE SACRÉE DE ROME

Le Capitole est sans doute la plus importante des sept collines de Rome. Son sommet est couronné par les temples du roi des dieux Jupiter, de son épouse Junon et de Minerve, déesse de la sagesse.
C'est là que les Romains vont entreposer leurs immenses trésors.
Les Romains sont très attachés à ces trois dieux.

SÉNATEUR ROMAIN : LE SOMMET DES HONNEURS

C'est au Sénat que rêve de finir tout homme politique romain. Cette prestigieuse assemblée composée de 300 membres donne son avis sur toutes les questions importantes concernant Rome et son empire. C'est après avoir exercé de nombreuses charges comme juge ou officier supérieur que l'on peut devenir sénateur.

LA VOIE ROMAINE : UN MILLEFEUILLE

Les voies romaines mesurent entre 4 et 6 mètres de large, jusqu'à 12 mètres autour de Rome, afin que trois chars puissent s'y croiser. Ce sont de véritables millefeuilles, constitués d'une succession de revêtements différents : un lit de pierres plates, une nappe de cailloux, une couche de sable, le tout recouvert de dalles épaisses. De chaque côté de la chaussée sont aménagées des rigoles, servant de caniveaux pour l'écoulement des eaux.

Ce pied, chaussé d'une sandale, n'est pas le dernier morceau d'une statue, mais une simple lampe à huile.

L'ANCÊTRE DU PANNEAU INDICATEUR

Sur les voies romaines d'Italie, ont été aménagées, tous les mille pas, de solides bornes en pierre. Elles indiquent en chiffres romains la distance restant à parcourir jusqu'à la ville la plus proche. Ces bornes milliaires peuvent aussi fournir d'autres informations, par exemple la nature des travaux d'entretien de la chaussée qui ont été menés et le nom du magistrat ou de l'empereur qui les a fait effectuer.

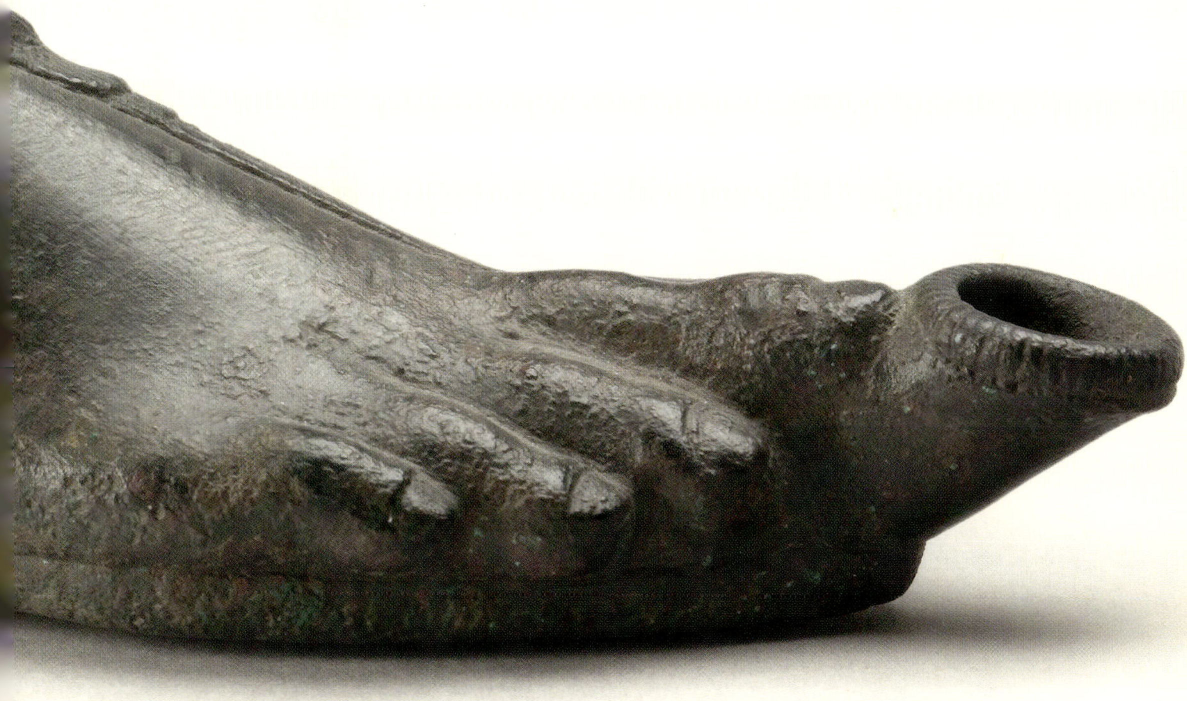

FAITES VOS JEUX !

Le *Circus maximus* à Rome mesurait 600 mètres de long pour 200 mètres dans sa plus grande largeur, et plus de 250 000 spectateurs pouvaient assister à ses courses de chevaux.

JEUX DE DÉS OU DE PLATEAU

Les Romains profitent de chaque occasion pour jouer : aux thermes, au cours d'un banquet... Leurs jeux sont souvent très simples, avec des dés ou sur un plateau comme le jeu des latroncules. Ce jeu est fondé sur la stratégie et se présente sous la forme d'un plateau de 64 cases et chaque joueur possède 16 pions.

Pupa : jeu de poupée
Alea : jeu de dés
Turbo : toupie
Nuces : jeu de noix
Tali : osselets
Latrunculi : jeu de dames ou d'échecs
Duodecim scripta : trictrac. Jeu de dés où l'on fait avancer des pions sur une table
Micatio : jeu de mourre
Les deux joueurs se montrent un certain nombre de doigts, en annonçant un chiffre qui doit correspondre au nombre total de doigts
Par impar : ce jeu consiste à cacher des cailloux dans sa main et à demander à son partenaire d'en deviner le nombre
Na ia capita : jeu de pile ou face
Trochus : cerceaux

UNE VEDETTE ANTIQUE

Gaius Apuleius Dioclès (104-146) est le plus célèbre de tous les auriges (cochers de course). Il a participé à plus de 4 000 courses de chars et remporté 1 462 victoires, notamment au *Circus maximus* de Rome. Ses exploits lui ont rapporté une immense fortune de près de 36 000 000 sesterces ! Il est ainsi devenu une véritable vedette : son portrait orne des lampes, des médaillons et des mosaïques.

LES IDOLES DU CIRQUE : LES GLADIATEURS

Après la traditionnelle phrase « Ave César, ceux qui vont mourir te saluent », différentes catégories de gladiateurs s'affrontent :
le *mirmillon* possède une épée recourbée et un casque surmonté d'un poisson,
le *rétiaire* a pour seule arme un trident et un grand filet,
le *samnite* est équipé du glaive espagnol et du bouclier romain,
le *thrace* utilise un poignard et un grand bouclier.

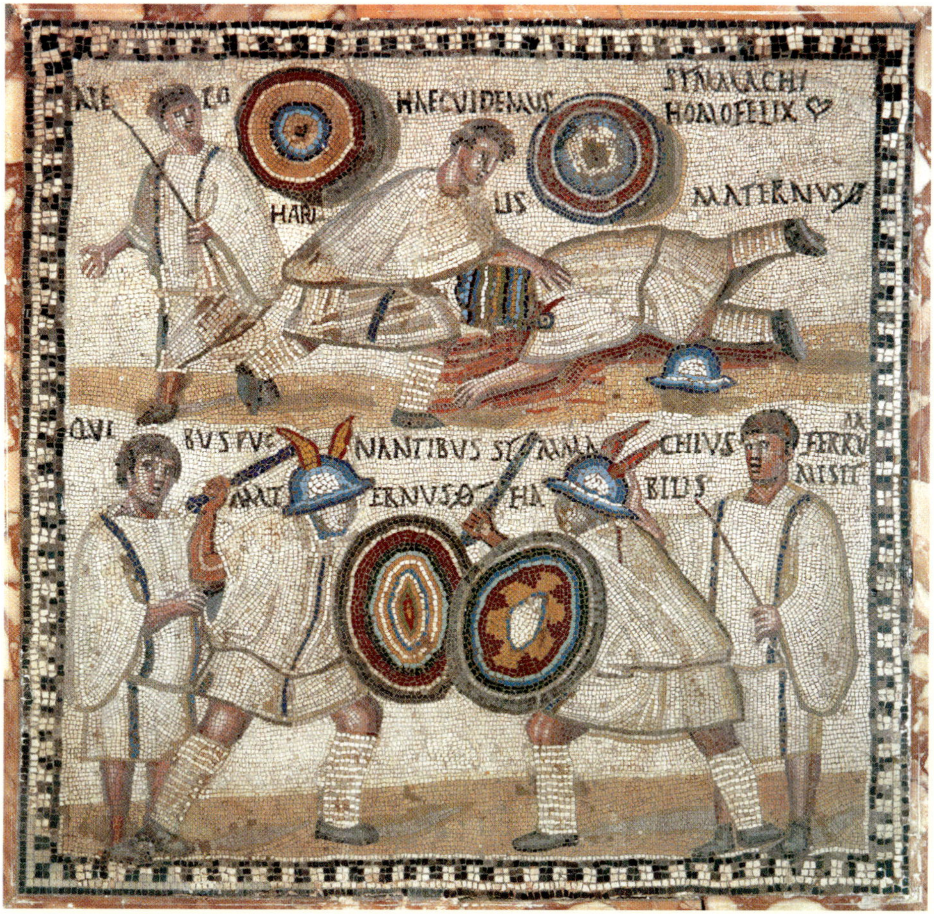

Armés de poignards et protégés par des boucliers, ces gladiateurs thraces s'affrontent, sous le contrôle de deux lanistes, chargés de les entraîner et de veiller à la régularité du combat.

SUR LES JEUX DU CIRQUE

« Quand je pense que c'est cet amusement futile, sot, monotone qui les cloue à leur place, jamais rassasiés, j'éprouve une certaine joie à ne pas éprouver celle-là. Et pendant les jours que nous traversons, je consacre avec beaucoup de plaisir aux lettres les heures oisives que d'autres perdent aux plus oiseuses occupations. »

Pline le Jeune, *Lettres*, 6, 3-4.

123 JOURS DE JEUX !

En 107 après J.-C., 14 000 gladiateurs se sont affrontés à l'occasion des fêtes de l'empereur Trajan et 5 000 animaux ont été massacrés.

À TABLE !

ROME, UNE VILLE QUI CONSOMME AU IER SIÈCLE APRÈS J.-C.

400 000 tonnes de blé par an

300 000 hectolitres d'huile par an

2 200 000 hectolitres de vin par an

DISTRIBUTIONS GRATUITES !

150 000 à 200 000 Romains vivent des distributions gratuites de nourriture. Chacun a le droit de recevoir 5 boisseaux de blés par mois (soit 34 kg). Il doit se présenter un jour fixe au portique *Minucia Frumentaria*, du Champ de Mars, muni d'un jeton indiquant le guichet où il doit se rendre pour retirer les sacs.

100 000 TONNES DE BLÉ PAR AN

C'est au IIe siècle apr. J.-C. la consommation des soldats stationnés dans les provinces occidentales de l'Empire !

UN MENU À LA ROMAINE

Hors d'œuvre

Oursins aux épices

Tétines de truies farcies

Huîtres et moules en sauce

Plats principaux

Pigeon cuit dans un ragoût de mouton

Sanglier rôti farci aux grives vivantes

Autruche bouillie avec sauce douce

Tête de perroquet parfumé au garum

Dessert

Fricassée de rose avec pâtisserie

LA RECETTE DU FRICANDEAU DE PORC AUX CÉDRATS PAR APICIUS

« Mets dans une casserole de l'huile, du garum, du bouillon, un poireau avec son bulbe, de la coriandre hachée, une épaule de porc cuite et des boulettes. Pendant la cuisson, arrose de poivre, de cumin, de coriandre fraîche ou en graine, de rue verte, de racine de laser [benjoin], ajoute du vinaigre, du vin cuit, et du jus de cuisson. Mélange avec du vinaigre. À ébullition, mets les cédrats lavés et coupés en petits morceaux dans la casserole. Émiette des pâtes et ajoute-les. Saupoudre de poivre et sers chaud. »

Apicius, *De re coquinaria*, 198.

TOUS LES CHIFFRES ROMAINS

0		zéro	80	LXXX	quatre-vingts
1	I	un	90	XC	quatre-vingt-dix
2	II	deux	100	C	cent
3	III	trois	200	CC	deux cents
4	IV	quatre	300	CCC	trois cents
5	V	cinq	400	CD	quatre cents
6	VI	six	500	D	cinq cents
7	VII	sept	600	DC	six cents
8	VIII	huit	1 000	M	mille
9	IX	neuf	2 000	MM	deux mille
10	X	dix	3 000	MMM	trois mille
11	XI	onze	10 000	$\overline{X}$	dix mille
12	XII	douze	50 000	$\overline{L}$	cinquante mille
13	XIII	treize	1 00 000	$\overline{C}$	cent mille
14	XIV	quatorze	500 000	$\overline{D}$	cinq cent mille
15	XV	quinze	1 000 000	$\overline{M}$	un million
16	XVI	seize	50 000 000	$\overline{L}$	cinquante millions
17	XVII	dix-sept	1 000 000 000	$\overline{M}$	un milliard
18	XVIII	dix-huit			
19	XIX	dix-neuf			
20	XX	vingt			
21	XXI	vingt et un			
22	XXII	vingt deux			
23	XXIII	vingt trois			
24	XXIV	vingt quatre			
25	XXV	vingt cinq			
30	XXX	trente			
31	XXXI	trente et un			
32	XXXII	trente deux			
40	XL	quarante			
50	L	cinquante			
60	LX	soixante			
70	LXX	soixante-dix			

Détail du calendrier gallo-romain de Coligny, IIe siècle.

LES ARMÉES ROMAINES

300 000 SOLDATS POUR PLUS DE 5 MILLIONS DE KM² !

Milieu du IIe siècle : 250 000 soldats

IIIe siècle : 300 000 soldats

Fin du IIIe siècle : 400 000 soldats

IVe siècle : 500 000 soldats

LES ATTRIBUTS DU CENTURION

Le cep de vigne

Les colliers (*torques*)

Les bracelets (*armillae*)

Les médaillons de cuirasses (phalères)

La couronne d'honneur

LES FORMATIONS DE COMBAT

La tortue

Pour avancer en se protégeant, les soldats réunissent leurs boucliers pour former une véritable carapace blindée. C'est une technique de combat qui vaut aux Romains bon nombre de leurs victoires.

Le cuneus (« coin »)

Les légionnaires romains peuvent adopter la formation en coins. Bien compacte, l'armée forme alors une série de pointes acérées dont les côtés sont protégés par des rangées de boucliers.

L'orbis

S'ils sont encerclés, les légionnaires se mettent en cercle, derrière leurs boucliers.

DES MACHINES DE GUERRE IMPRESSIONNANTES

Pour s'emparer des cités ennemies les Romains fabriquent des machines de guerre ingénieuses. Aucune porte ou muraille ne peut résister aux formidables coups du bélier. Ces machines longues de 60 m et actionnées par 200 hommes disposent d'une lourde poutre en bois munie d'un bloc de fer en forme de tête de bélier.

LES MACHINES DE SIÈGE

Des **catapultes** à tirs tendus qui lancent des gros projectiles de 100 kg.

La **baliste**, sorte d'arbalète, qui projette à 400 m des javelots lourds munis de pointes de métal. Chaque légion en possède 55 sous Hadrien.

Les **onagres** à tirs courbes ou scorpions qui envoient des lourdes pierres.

Le **bélier** (l'aries) porté par des soldats pour ouvrir une brèche dans un mur.

Pour assiéger les murailles d'une ville, des tours mobiles : **turris mobilis.**

UNE VIE DE LÉGIONNAIRE ROMAIN

Après chaque journée de marche, les soldats romains dressent leur camp avant de pouvoir prendre du repos. Le repas est frugal, fait de bouillie de lentille et de pain. Pour pouvoir se protéger du vent et de la pluie, ils montent une tente de cuir où ils couchent à dix légionnaires allongés sur de la paille.

AH, ILS SONT FORTS, CES ROMAINS !

Pour devenir légionnaire, il faut être citoyen romain et prêter ce serment : « Ne pas s'enfuir de peur, ne pas quitter son rang sauf pour récupérer un javelot, pour frapper l'ennemi ou sauver un camarade. » Le légionnaire se bat pour sa patrie alors que la plupart de ses adversaires utilisent des mercenaires.

UN ÉTRANGE PRÉSAGE

Au moment de partir en campagne contre les Parthes, en 53 avant J.-C., le général Crassus entendit un marchand de figues s'écrier *Cauneas !*, c'est-à-dire « Achetez des figues de Caunes ! ». Mais certains passants comprirent *Cave ne eas !*, c'est-à-dire « Prends garde d'aller là-bas ! ». Ils ne furent guère surpris d'apprendre un peu plus tard la mort du général qui n'avait pas compris ce funeste présage…

Ce légionnaire porte le javelot, le bouclier rectangulaire, la cuirasse à bandes de métal, le glaive et les fameuses sandales militaires, les *caligae*.

UN LÉGIONNAIRE BIEN ÉQUIPÉ

Deux javelots de 2 mètres pour un poids de 1,2 kg dont la portée atteint 30 mètres.
Gladius : glaive à deux tranchants.
Scutum : bouclier semi-cylindrique avec au centre un bourrelet, l'umbo.
Cuirasse *lorica* composée de plaques de métal articulées.
Sac de 40 kg comprenant des vivres pour 17 jours, de l'eau, des vêtements, des outils pour construire le camp.

C'EST LA FÊTE À ROME !

UNE CURIEUSE CÉRÉMONIE : LES LUPERCALES

Au cours de la cérémonie des Lupercales, organisée tous les 15 février à Rome, deux jeunes hommes seulement vêtus de pagnes en peau de bouc doivent courir dans les rues de la ville. Ils tiennent dans leurs mains des lanières découpées dans la peau d'un bouc qui vient d'être sacrifié. Ils se mettent alors à fouetter toutes les femmes qu'ils rencontrent sur leur passage ; cette flagellation rituelle est censée les rendre plus fécondes.

LES PRINCIPALES FÊTES

11 ou 15 janvier : **Carmentalia** : fête des enfants (nymphe Carmenta).

15 février : **Lupercales** : fête de la fécondité et rite de purification du territoire romain.

13 au 21 février : **Feralia** : semaine consacrée aux morts.

23 février : **Terminalia** : cérémonie de sanctification des anciennes limites de la cité de Rome, en sacrifiant un agneau, une truie, des gâteaux, du miel, des grains et du vin, et en couronnant la statue du dieu Terminus.

1er mars : **Matronalia** : fête des mères.

15 mars : **Equirria** : festivités consacrées au dieu Mars.

17 mars : **Liberalia** : fête du printemps.

19 mars : **Quinquatrus** : rite de purification d'une armée avant une campagne.

15 avril : **Fordicidia** : Immolation d'une vache pleine pour favoriser la croissance des végétaux.

12 au 19 avril : **Cériales** : fête en l'honneur de Cérès.

21 avril : **Palilia** : commémoration de la fondation de Rome.

25 avril : **Robigalia** : fête du soleil.

9-14 mai : **Lemuria** : chasse aux revenants.

19 ou 21 juillet : **Lucaria** : fête des divinités des bois.

23 juillet : **Neptunalia** : fête de la canicule, au cours de laquelle on construit des huttes pour se protéger du soleil.

23 août : **Volcanalia** : fête des récoltes.

11 octobre : **Meditrinalia** : fête des vendanges.

15 octobre : **Cheval d'octobre** : fête marquant la fin de la campagne militaire.

19 octobre : **Armilustrium** : rite de purification des armes.

27 décembre : **Saturnalia** : fête du solstice d'hiver caractérisée par une inversion de relations sociales, les esclaves commandant à leurs maîtres.

Les représentations de *fascinus* (« phallus ») sont nombreuses dans la Rome antique, comme le montre cette coupe à banquet. Les Romains attribuent à ce symbole un pouvoir protecteur.

LES HABITUÉS DES THERMES...

« Tout d'abord, il y a les "costauds" qui font leurs exercices et manient les poids en grognant. Et puis les paresseux qui se font faire des massages - j'entends parfois le bruit des claques sur les épaules. Il y a aussi celui qui adore entendre le son de sa propre voix dans le bain. Et que dire de ceux qui plongent dans la piscine dans un énorme bruit d'éclaboussement. »

Sénèque (vers 63 apr. J.-C.).

PAGE DE DROITE
Femme portant un *strophium*. Mosaïque romaine de la villa du Cesale à Piazza Armerina (Sicile) Probablement le premier bikini de l'histoire. Bien avant celui chanté par Dalida en 1958.

LES SOUTIENS-GORGE DE LA ROME ANTIQUE

Mastodéton : mini-soutien-gorge.
Mamillare : soutien-gorge qui atténue les formes.
Strophium : soutien-gorge deux-pièces en forme de bandeau.

QUESTION DE POIL...

« Tu t'épiles le bas-ventre avec du dropax [pommade épilatoire] chauffé. Pourquoi ? Parce que les membres polis excitent les louves épilées ! Mais tu arraches aussi les poils de ton anus mouillé, et tu frottes avec une pierre ponce tes grossières clazomènes. Pourquoi ? La raison m'en échappe. À moins que ta lâche soumission n'aspire au vice d'entre deux-mers, et que tu ne sois femme par-derrière et homme par-devant. »

Martial, *Épigrammes*, 131.

Fresque de Pompéi. La cité de Pompéi compte plus de lupanars que de boulangeries soit plus d'une soixantaine pour une ville de plus de 15 000 habitants.

DE CÉSAR À AUGUSTE

UNE CARRIÈRE EN OR

Le CV (*cursus honorum*) de César

En 69 avant J.-C., il est questeur.

En 65 avant J.-C., il est édile.

En 62 avant J.-C., il est propréteur en Espagne.

En 59 avant J.-C., il est consul.

En 58 avant J.-C., il est proconsul en Gaule/début de la guerre des Gaules.

En 52 avant J.-C., il est victorieux contre les troupes de Vercingétorix à Alésia.

En 49 avant J.-C., il franchit le Rubicon et marche sur Rome.

En 49 avant J.-C., il est dictateur pour la première fois.

En 48 avant J.-C., il est de nouveau consul. Il bat Pompée à Pharsale.

En 47 avant J.-C., il est dictateur pour un an et consul pour cinq ans.

En 46 avant J.-C., il est dictateur pour 10 ans, consul pour 10 ans.

En 45 avant J.-C., il prend le titre d'*Imperator*, le costume du triomphateur (la pourpre et la couronne de laurier).

En 44 avant J.-C., il est dictateur perpétuel.

Le 5 mars 44 avant J.-C., le Sénat est tout près de lui accorder le titre de roi en Orient.

Le 15 mars 44 avant J.-C. (Ides de Mars), il est assassiné de 23 coups de poignards.

CÉSAR ET LE DEVIN

« On peut encore entendre beaucoup de gens raconter qu'un devin avertit César qu'il devait se garder d'un grand danger, et que, ce jour venu, César sortant pour se rendre au Sénat salua le devin et lui dit en plaisantant : « Eh bien ! Les voici venues, les Ides de mars », à quoi le devin répondit tranquillement : « Oui, les voici, mais elles ne sont pas encore passées. »

Plutarque, « César », 63-5-6.

LES ATTRIBUTS DE L'EMPEREUR AUGUSTE Ier SIÈCLE AVANT J.-C.

Le manteau militaire pourpre, le *paludamentum*.

La tunique courte.

Le bâton de consul.

La cuirasse où sont représentées les divinités romaines, la corne d'abondance, symbole de fertilité, et les aigles, emblèmes de l'armée romaine.

DE LA RÉPUBLIQUE À L'EMPIRE

L'Empire est un régime politique fondé en 27 avant J.-C. par Octave, plus connu sous son titre d'Auguste. Plusieurs dizaines d'empereurs vont se succéder pendant cinq siècles... Cependant, l'existence de cet immense État à la fois européen, africain et asiatique sera très agitée. En 395, l'empereur Théodose Ier divise l'Empire romain entre ses deux fils : Honorius règne sur l'Occident et Arcadius sur l'Orient. En 476, Odoacre, le chef des mercenaires germains, renverse le tout jeune empereur d'Occident Romulus Augustule. Pour bien signifier qu'à l'Ouest l'Empire est mort, il n'hésite pas à renvoyer les insignes impériaux à l'empereur d'Orient qui devient ainsi le dernier héritier de la civilisation romaine...

27 av. J.-C.-14 apr. J.-C.	Auguste
14-37	Tibère
37-41	Caligula
41-54	Claude
54-68	Néron
68-69	Galba
69	Othon
69	Vitellius
69-79	Vespasien
79-81	Titus
81-96	Domitien
96-98	Nerva
98-117	Trajan
117-138	Hadrien
138-161	Antonin le Pieux
161-169	Lucius Verus
161-180	Marc Aurèle
180-192	Commode
193	Pertinax
193	Julianus
193-211	Septime Sévère
211-212	Geta
211-217	Caracalla
217-218	Macrin
218-222	Élagabal
222-235	Sévère Alexandre
235-238	Maximin le Thrace
238	Gordien Ier et Gordien II
238	Balbin
238	Pupien
238-244	Gordien III
244-249	Philippe Ier l'Arabe
249-251	Dèce
251-253	Trébonien Galle
251-253	Volusien
253	Émilien
253-260	Valérien
253-268	Gallien
268-270	Claude II le Gothique
270-275	Aurélien
275-276	Tacite
276	Florien
276-282	Probus
282-283	Carus
282-284	Numérien
282-285	Carin

284-305 Dioclétien
286-305 Maximien
305-306 Constance Ier Chlore
305-311 Galère
306-307 Sévère
306-312 Maxence
306-308 Maximien
306-337 Constantin Ier le Grand
308-324 Licinius
310-313 Maximin Daia
337-340 Constantin II le Jeune
337-350 Constant Ier
337-361 Constance II
350-353 Magnence
361-363 Julien l'Apostat
363-364 Jovien
364-375 Valentinien Ier
364-378 Valens
367-383 Gratien
375-392 Valentinien II
383-388 Maxime
392-394 Eugène
379-395 Théodose Ier

EMPIRE ROMAIN D'OCCIDENT

395-423 Honorius
425-455 Valentinien III
455-457 Maxime
457-461 Majorien
461-465 Sévère
467-472 Anthemius
472 Olybrius
473-474 Glycerius
474-475 Julius Nepos
475-476 Romulus Augustulus

EMPIRE ROMAIN D'ORIENT

395-408 Arcadius
408-450 Théodose II
450-457 Marcien
457-474 Léon Ier le Grand
474 Léon II
474-491 Zénon

LES TÉTRARQUES

À la fin du IIIe siècle est institué un nouveau système de gouvernement de l'Empire romain. Désormais, quatre empereurs se partagent la défense de cet immense territoire. Les quatre tétrarques Dioclétien, Maximien, Valère et Constance.

LES TÉTRARQUES
Dioclétien, Valère, Maximien, Constance. Porphyre, IVe siècle. Venise, Basilique Saint-Marc.

L'EMPEREUR ELAGABALE (218-222) ET SON DIEU ELAGABALE

« Elagabale était circoncis et s'abstenait de la chair du porc, prétendant que sa dévotion en serait plus pure. Il avait même songé à se faire châtrer, mais ce dessein ne lui fut soufflé que par sa mollesse. Quant à la circoncision, elle fut effective, et faisait partie des exigences que requérait le culte d'Elagabale ; aussi fit-il mutiler de la sorte plusieurs de ses compagnons. [...] Il en vint à ce point d'absurdité de rechercher une épouse pour Elagabale, comme si le dieu avait un besoin quelconque de mariage et d'enfants ! [...] Il jeta son dévolu sur Caelestis de Carthage, la fit venir à Rome et l'établit dans le palais. Il lui fit offrir par tous ses sujets des cadeaux de mariage, comme il l'avait fait à l'occasion de ses propres noces. »

Dion Cassius.

LES ATTRIBUTS DE L'EMPEREUR ROMAIN AU IVE SIÈCLE

La *vestis triumphans*, avec ses broderies en or et ses pierres précieuses.

Le *paludamentum* : à l'origine, manteau d'apparat des généraux victorieux.

La couronne de laurier.

Le diadème des rois hellénistiques.

Le trône, la *sella curulis*.

POUR PRÉPARER L'ARRIVÉE D'HADRIEN EN ÉGYPTE, EN 130...

« Liste de ce qui a été rassemblé dans mon district en prévision de la visite du très grand empereur César Trajan Hadrien Auguste :

- 76 artabes [2 888 litres] d'orge,
- 3 000 bottes de foin,
- 376 cochons de lait [...],
- 55 artabes [2 090 litres] de dattes [...],
- 200 moutons de race égyptienne,
- 3 métrètes [116 litres] d'huile,
- 7 paniers de paille,
- 3 artabes [114 litres] d'olives vertes. »

B. A. Van Grontingen, « *Preparatives to Hadrian's visit to Egypt* », Studi Calderini, II, Milan, 1957, cité *in L'Histoire*, n° 217, janvier 1998.

VERTUS INSCRITES SUR LE *CLIPEUS*, LE BOUCLIER OFFERT À L'EMPEREUR AUGUSTE

VIRTUS

CLEMENTIA

JUSTITIA

PIETAS

60 MILLIONS DE CHINOIS

« CHINE » : HISTOIRE D'UN NOM

Le fondateur de l'empire de Chine s'appelle Zheng (249 avant J.-C. - 210). Il est le roi de Qin, l'une des nombreuses principautés de la mosaïque chinoise. À force de guerres et de conquêtes, il parvient cependant à imposer aux autres royaumes, les lois, les poids et mesures, l'écriture, la monnaie et l'administration de Qin. Il va même jusqu'à unifier la largeur des routes et l'écartement des essieux des voitures ! En 221 avant J.-C., Zheng devient officiellement le premier empereur chinois, sous le nom de Shi Huang Di. Tout naturellement, son empire prendra le nom de « Qin », d'où dérive le mot « Chine ».

UN GÉANT DÉMOGRAPHIQUE...

Ier siècle : 60 millions d'habitants

VIIIe siècle : 75 millions

Début du XIIIe siècle : 140 millions

1680 : 120 millions

1741 : 143 millions

1762 : 200 millions

1794 : 313 millions

1812 : 361 millions

1850 : 430 millions

1953 : 600 millions

1981 : 1 milliard

2004 : 1,3 milliard

PAGE DE DROITE
Shi Huang Di est un tyran, particulièrement brutal à l'égard des lettrés, notamment les historiens qu'il accuse de critiquer le régime.
La répression sera brutale : en 213 avant J.-C., tous les livres, sauf ceux de médecine, d'agriculture et de divination sont interdits.
L'empereur n'hésite pas à les faire brûler, en un gigantesque autodafé, comme le montre cette estampe chinoise. Quant aux lettrés, ils seront plus de 400 à être exécutés.

LA NAISSANCE DE LA GRANDE MURAILLE

Shi Huang Di réunit les remparts des différentes principautés chinoises en formant un vaste réseau de murailles, destiné à protéger ses sujets des raids des redoutables nomades Xiongnu (Huns). Au IIIe siècle avant J.-C., cette muraille s'étend sur 10 000 *li*, soit plus de 5 000 km, de la haute vallée du fleuve Jaune jusqu'à la Corée. Au fil des siècles, ses lointains successeurs vont la compléter et l'étendre, si bien qu'elle mesurera au XVIIe siècle, 6 700 km, de l'Asie centrale jusqu'à la mer du Japon.

坑儒焚書

LES DYNASTIES CHINOISES

Dynastie des Xia : XXIIe-XVIIe siècle avant J.-C.
Dynastie des Shang : XVIIe-vers 1050 avant J.-C.
Dynastie des Zhou de l'Ouest : vers 1050-771 avant J.-C.
Dynastie des Zhou de l'Est : 771-256 avant J.-C.
Dynastie des Qin : 221-206 avant J.-C.
Dynastie des Han de l'Ouest : 206 avant J-C - 9 après J.-C.
Dynastie de Xin : 9-25 après J.-C.
Dynastie des Han de l'Est : 25-220
Trois royaumes : 220-265
Dynastie des Jin de l'Ouest : 265-316
Seize royaumes barbares et dynasties du Nord et du Sud : 304-589

L'EXPANSION DE L'EMPIRE HAN EN ASIE

Vers 140-130 avant J.-C. : les Chinois explorent les routes qui conduisent à la Birmanie.
Vers 133-119 avant J.-C. : ils mènent une expédition contre les Xiongnu (Huns), en Mongolie.
Vers 130 : voyages de Zhang Qian dans la vallée du Syr-Daria, au Ferghana, en Bactriane et en Sogdiane (Asie centrale).
Vers 120 à 82 avant J.-C. : les Chinois organisent des expéditions militaires contre les Kunming, un peuple vivant dans le Yunnan de l'ouest.
Vers 112-110 avant J.-C. : ils mènent une campagne militaire contre les Yue, un peuple du sud de la Chine.
Vers 105 avant J.-C. : les Hans envoient une ambassade à Séleucie, auprès du roi des Parthes Mithradate II.
Vers 97-71 : ils lancent plusieurs campagnes contre les Xiongnu. Le général Ban Chao fonde un protectorat dans le bassin du Tarim pour contrôler les routes de la Soie.

LES CADEAUX DES EMPEREURS DE CHINE AUX MONGOLS

49 avant J.-C.
8 000 rouleaux de soie
33 avant J.-C.
18 000 rouleaux de soie
25 avant J.-C.
20 000 rouleaux de soie
1 avant J.-C.
30 000 rouleaux de soie
Ces cadeaux représentent 40 % des recettes de l'empire de Chine, la soie étant la marchandise la plus prisée.

D'après J. Gernet,
Le Monde chinois, Armand Colin, 1972.

LES INVENTIONS DE LA CHINE

DÉCOUVERTE OU INVENTION	DATE DE DÉCOUVERTE OU D'INVENTION EN CHINE	DATE DE DÉCOUVERTE OU DE DIFFUSION EN EUROPE
Sériciculture (filage de la soie)	**IIe millénaire avant J.-C.**	VIe siècle dans l'Empire byzantin XIe siècle dans l'Occident chrétien
Fonte du fer	**525 avant J.-C.**	1380
Cerf-volant	**IVe siècle avant J.-C.**	XVIe siècle
Bricole de poitrail*	**IIIe-IIe siècle avant J.-C.**	IXe siècle
Gouvernail d'étambot	**Ier siècle**	Vers 1180
Porcelaine	**Ier siècle**	XVe siècle
Papier	**Ier-IIe siècle**	XIIe-fin du XIIIe siècle
Brouette	**Ier-IIe siècle**	1250
Collier d'attelage	**V^{e}-Xe siècle**	IXe siècle
Co-fusion de l'acier	**515 après J.-C.**	1380
Sismographe	**132** (attribué à Zhang Heng)	
Xylographie (système d'impression avec une plaque de bois)	**vers 780**	1375
Poudre à canon	**IXe siècle-1044**	1285
Premiers caractères mobiles d'imprimerie	**1041-1048**	1450
Boussole nautique	**1030-1080**	XIIe siècle
Portes d'écluse	**XIe-XIIIe siècle**	1375

* Collier d'épaule pour les animaux.

CHEVALIER DE LÉGENDE...

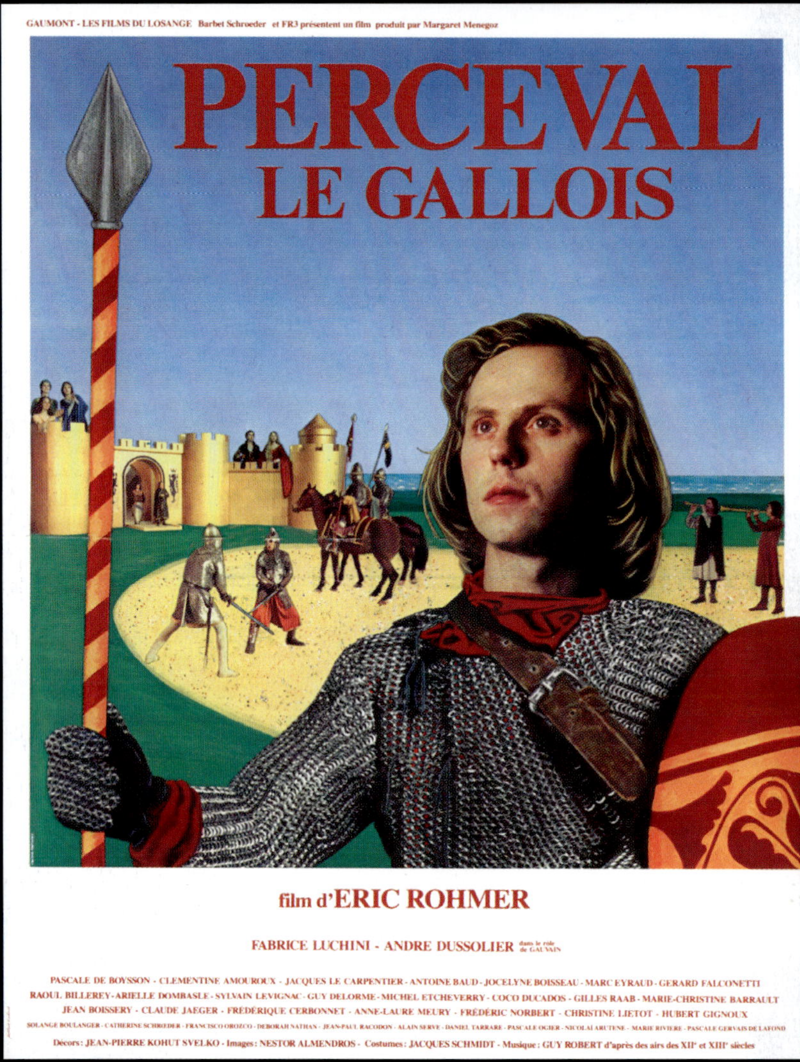

Réalisé en 1978, ce film d'Éric Rohmer est inspiré du roman de Chrétien de Troyes, *Perceval ou le Conte*

LE
MOYEN ÂGE

1 000 ANS DE CULTURE

DES CHIFFRES POUR MIEUX COMPRENDRE LE MOYEN ÂGE

50 millions d'habitants en Europe occidentale (en 1300).
La France avec 14 millions d'habitants au XIIIe siècle est la « Chine de l'Europe ».
L'Angleterre : 3 millions d'habitants.
500 000 habitants à Constantinople au Xe siècle.
200 000 habitants à Paris à partir du XIVe siècle, alors la ville la plus peuplée de l'Occident.
9/10 des Européens habitent la campagne.
Plus de 120 jours de fêtes dans l'année.
70 bibliothèques et 300 bains publics à Cordoue au Xe siècle.

LA LOI DES FRANCS

XLI. Meurtre des hommes libres

1. Si quelqu'un a tué un Franc libre ou un barbare qui vit sous le régime de la loi salique et que cela aura été démontré contre lui [...] qu'il soit condamné à une amende de 8 000 deniers. [...]

2. S'il l'a jeté dans un puits ou noyé [...], qu'il soit condamné à une amende de 600 sous. [...]

8. Si un Romain, convive du roi, a été tué [...], qu'il soit condamné à une amende de 12 000 deniers. [...]

11. Si quelqu'un a trouvé un homme libre à un carrefour sans mains et sans pieds, que ses ennemis ont déposé là, et qu'il l'achève, et que cela aura été prouvé contre lui, [...] qu'il soit condamné à une amende de 4 000 deniers. [...]

LIX. L'héritage

6. Quant à la terre, une femme ne peut absolument pas en hériter, car toute la terre doit aller au sexe mâle, c'est-à-dire à ses frères.

Traduction de Y. Renouard *in* « *Études d'histoire médiévale* », SEVPEN, 1968.

Chroniques de Jean Skylitzès, Bibliothèque nationale de Madrid.

ARME DE DESTRUCTION MASSIVE : LE FEU GRÉGEOIS

En mélangeant de l'huile de naphte, du soufre, du salpêtre et du bitume, le chimiste grec de Syrie Callinicos a mis au point, vers 670, une substance noire et épaisse hautement inflammable. Il suffit de recueillir cette huile dans des siphons puis de l'enflammer avec des morceaux d'étoupes ardents pour obtenir un terrible lance-flammes. L'empereur byzantin ne tardera pas à équiper sa flotte de cette arme de destruction massive…

HISTOIRE D'UN FAUX : LA DONATION DE CONSTANTIN

Selon ce texte, l'empereur romain Constantin aurait donné au pape Sylvestre « *toutes les provinces, les cités et les lieux de la ville de Rome, de l'Italie et des régions occidentales* ». Or, ce texte est un faux, une « forgerie » écrite entre 774 et 816, au sein de la cour pontificalc pour justifier le pouvoir du pape sur l'Italie. Ce n'est qu'en 1477 que l'humaniste Laurent Valla démontrera cette manipulation.

CHARLEMAGNE EMPEREUR DES FRANCS

UN ARMEMENT TRÈS CHER !

L'infanterie ne joue qu'un faible rôle. C'est la cavalerie lourde qui emporte la décision grâce à son équipement. Le cavalier porte une petite épée et une longue, à deux tranchants, avec laquelle il frappe de taille (c'est-à-dire avec le tranchant) et non d'estoc (avec la pointe). Il porte aussi une lance terminée par un fer en forme de losange et garnie d'une traverse de fer pareille à un croc perpendiculaire à la hampe, qui empêche la pointe de pénétrer trop profondément dans le corps de l'adversaire pour pouvoir la retirer facilement.

Le bouclier de forme ronde, peint tantôt en rouge tantôt en bleu, est en bois recouvert de peau et consolidé à l'intérieur par une armature en fer. Le casque complète l'armement défensif. Cheval, casque, écu, lance, épée longue, épée courte, étriers, tout cela revient au prix d'une vingtaine de vaches, le nombre de cavaliers est donc très faible.

LE CHAMP DE MAI

Charlemagne réunit tous les ans au printemps et à l'automne des assemblées où sont convoqués les évêques et les grands du royaume. Le rassemblement qui se tient au printemps et en plein air est appelé Champ de mai. Charlemagne y promulgue ses lois ou capitulaires, appelées ainsi car elles sont exprimées sous forme de chapitre (en latin *capitulum*). Tous les sujets doivent observer les capitulaires et nul n'a le droit de s'y opposer. L'Empire est divisé en 300 comtés à la tête desquels Charlemagne place des comtes. Ceux-ci sont aidés dans leur tache administrative par des vicomtes, aux régions frontalières, nommés des marquis.

LES RICHES AU COMBAT !

Seuls les plus riches parmi les hommes libres sont contraints de partir au combat, les autres doivent se mettre à plusieurs pour équiper l'un d'eux en guerrier. Les pauvres ne doivent donc qu'une contribution matérielle. Tout homme libre doit répondre à l'appel sous les armes, mais les services que l'on exige de lui dépendent des terres qu'il possède. Charlemagne établit avec précision dans ses capitulaires la marche à suivre : « Doit participer à la campagne tout homme libre propriétaire de trois manses*. Là où on trouvera deux hommes libres ayant chacun deux manses, l'un aidera l'autre à s'équiper… »

*Un manse est une surface agricole censée nourrir une famille de paysans.

L'ARMÉE DE CHARLEMAGNE

30 000 hommes maxi ! À l'apogée de sa puissance en 800, l'armée carolingienne compte de 20 000 à 30 000 hommes, en plus de ceux entretenus de manière permanente au frais de l'empereur : ses brigades légères constituées d'éléments d'élite (à peu près 1 000 hommes).
Au total un maximum de 30 000 hommes libres (2 000 ou 3 000 servant à cheval) chacun avec son armement et son équipement propre.

CHARLEMAGNE RÉPRIME LES SAXONS (785)

« Quiconque est entré par la violence dans une église, et de force, par le vol, en a enlevé quelque objet ou bien a incendié l'édifice, sera mis à mort.
« Quiconque, par mépris pour le christianisme, a refusé de respecter le saint jeûne du Carême et a mangé alors de la chair, sera mis à mort.
« Quiconque a tué un évêque, un prêtre ou un diacre, sera mis à mort.
« Quiconque, trompé par le diable, a cru à la manière des païens qu'un homme ou une femme était sorcier et qu'il mangeait les hommes, et s'il l'a fait brûler ou en a mangé ou fait manger, il sera mis à mort.
« Quiconque, selon le rite païen, a fait brûler le corps d'un mort et a réduit en cendres ses os, sera mis à mort.
Tout Saxon qui a voulu rester caché sans recevoir le baptême, a refusé de venir au baptême et voulu demeurer païen, sera mis à mort.
« Quiconque a sacrifié un homme au diable et en fait offrande aux démons, à la manière des païens, sera mis à mort.
« Quiconque a traité avec les païens contre les chrétiens ou a voulu rester avec eux dans l'opposition aux chrétiens, sera mis à mort.
« Quiconque a manqué de fidélité au roi sera mis à mort. »

Capitulaire saxon édicté par Charlemagne, 785.

LE SERMENT DE STRASBOURG (842)

L'un des premiers textes écrits en langue romane.

Louis le Germanique s'adresse aux soldats de Charles le Chauve : *Pro Deo amur et pro christian poblo et nostro commun salvament, d'ist di in avant, in quant Deus savir et pudir me dunat, si salvarai eo cist meon fradre Karlo et in aiudha et in cadhuna cosa, si cum om per dreit son fradra dift, in o quid il mi altresi fazet et ab Ludher nul plaid numquam prindrai, qui, meon vol, cist meon fradre Karle in damno sit.*

Traduction : « Pour l'amour de Dieu et pour le peuple chrétien et notre salut commun, à partir d'aujourd'hui, tant que Dieu me donnera savoir et pouvoir, je secourrai ce mien frère Charles par mon aide et en toute chose, comme on doit secourir son frère, selon l'équité, à condition qu'il fasse de même pour moi, et je ne tiendrai jamais avec Lothaire aucune assemblée que, de ma volonté, puisse être dommageable à mon frère Charles. »

AU TEMPS DE CHARLEMAGNE

LE MEILLEUR PORTRAIT DE CHARLEMAGNE

D'après un texte d'Eginhard, son biographe :

« Il était d'un corps ample et robuste, d'une stature élevée, avec le sommet de la tête rond, les yeux grands et vifs, le nez excédant un peu la grandeur moyenne, de beaux cheveux blancs, la face gaie et joyeuse. Ainsi montrait-il, debout comme assis, autorité et dignité dans son apparence. Bien que son cou fût gras et court et que son ventre fût trop gros, on remarquait les bonnes proportions de ses membres. Il portait généralement sur le corps une chemise et un caleçon de toile de lin. Par-dessus, une tunique bordée de soie et une culotte. Autour des jambes et pieds, des bandelettes serrées. En hiver, il se protégeait les épaules et la poitrine avec une veste de peau de loutre ou de rat. Il s'enveloppait d'un manteau bleu. Il portait toujours au côté un glaive dont la poignée et le baudrier étaient d'or ou d'argent. Les grands jours de fêtes, ou quand il recevait les ambassadeurs de peuples étrangers, il portait une épée ornée de pierres précieuses… Les jours de fêtes, il portait un vêtement tissé d'or, des chaussures décorées de pierres précieuses. Il agrafait le manteau avec une fibule d'or. Il se coiffait d'un diadème d'or et de pierreries. Les autres jours, son costume n'était guère différent de celui du commun et du peuple. »

Eginhard, *Vita Karoli*, IXe siècle.

Plus de 10 siècles après sa mort, la célébrité de Charlemagne est intacte à tel point que son nom est donné à une marque de champagne.

TOUT CE QUE L'ÉPOQUE DE CHARLEMAGNE A OUBLIÉ DE L'ANTIQUITÉ

- L'industrie, à l'exception de celle des armes, disparaît complètement (seule survit l'orfèvrerie).
- Le commerce du papyrus ou de l'huile d'olive n'existe plus. Il n'y a plus d'échange que localement. Chaque seigneurie, chaque monastère s'efforce de vivre en autarcie.
- Le magnifique réseau des voies romaines n'est plus entretenu.
- Certaines villes disparaissent. D'autres ne sont plus que de gros villages.
- Jusqu'au XIIIe siècle, il n'y aura de science que dans l'Église.
- Il devient exceptionnel de rencontrer quelqu'un qui sache lire hormis les gens d'Église et encore…
- La notion d'intérêt public s'efface.
- La monnaie d'or disparaît. La seule monnaie réelle est la monnaie d'argent. Ces pièces ne sont pas adaptées pour le commerce.

UN SAVOIR VENU D'ORIENT

L'Occident va progresser surtout à partir du XIe et XIIe siècle avec les savoirs et les techniques venues d'Orient où l'héritage antique s'est maintenu.
C'est tout d'abord dans le domaine de la science : les mathématiques, la médecine, l'astronomie, la philosophie et la géographie.
Pour les techniques de navigation : le gouvernail d'étambot, la boussole, l'astrolabe pour déterminer la hauteur des astres.
Dans le domaine des techniques : le papier, la poudre à canon, le rabot.
En agriculture : la charrue à roue, le collier d'épaule, l'irrigation perfectionnée.

CHARLEMAGNE IMPÉRATOR

Le couronnement de Charlemagne à Rome, en rétablissant l'Empire d'Occident supprimé en 476, frappe vivement l'imagination des contemporains et contribue à grandir encore la personnalité de Charles le Grand.

ARCHITECTURE : PILLAGE ET MALADRESSE

On ne trouve rien de comparable, dans le palais d'Aix-la-Chapelle, à la beauté ou à la richesse des palais de l'antiquité à Rome ou à Constantinople. Les matériaux et les revêtements qui le composent proviennent de Rome ou de Ravenne.
La plus grande construction de l'époque, le pont du Rhin à Mayence, est entièrement en bois.
Les architectes n'osent plus lancer des voûtes de trop grande importance de peur qu'elles ne s'effondrent.

LA SAGA DES VIKINGS

LA COLONISATION VIKING

Les noms de lieux d'origine scandinave en Normandie

Dieppe provient du mot norrois *djupr* (« profond »).

Honfleur est formé de deux mots norrois : *hunn* (« hune ») et *floi* (« estuaire »).

Harfleur : *herjan* (« pillage ») et *floi* (« estuaire »).

La Hougue : *hol* (« trou »).

Houlgate : *hol* (« trou ») et *gata* (« passage »).

Trouville : la villa de Torolfr.

Caudebec : *kaldr* (« froid ») et *bekkr* (« courant »).

LES VIKINGS DÉCOUVRENT L'AMÉRIQUE, VERS 1000

« Ils naviguèrent deux jours et deux nuits vers le sud. Alors, ils virent une terre, lancèrent une barque pour explorer ce pays, y trouvèrent de grandes dalles de pierre dont beaucoup avaient douze aunes de large. Il y avait là quantité de renards blancs. Ils donnèrent un nom à cet endroit et l'appelèrent Helluland [probablement la terre de Baffin au nord du Canada]. De là, ils naviguèrent deux jours et deux nuits et mirent le cap vers le sud-sud-est et découvrirent un pays couvert de forêts avec beaucoup de bêtes dedans. Il y avait une île au sud-est. Là, ils tuèrent un ours et appelèrent ensuite cet endroit Bjarney, et ce pays Markland [probablement la côte du Labrador]. »

La Saga d'Erik le Rouge, « La Pléiade », Gallimard, 1987, traduction R. Boyer.

DES VIKINGS AUX ORIGINES DE LA RUSSIE !

Selon cette ancienne chronique russe, les peuples slaves auraient fait appel aux « Rus », des marchands suédois qui dominent alors le commerce entre la Baltique et la mer Noire. Ces derniers fonderont vers 882 un véritable État autour de la ville de Kiev, et laisseront leur nom à ce pays : la Russie.

« Les Choudes, les Slaves, les Krivitchiens et les Ves dirent alors au peuple des Rus : « Notre pays est grand et riche, mais l'ordre n'y règne pas. Venez nous gouverner et régner sur nous. »

La Chronique de Nestor, vers 1113.

LES AMÉRINDIENS VUS PAR LES VIKINGS

« C'étaient des hommes noirs et hideux qui avaient de vilaines chevelures. Ils avaient de grands yeux et des pommettes larges. Ils restèrent là un moment, s'émerveillant des gens qu'ils avaient devant eux, puis s'en allèrent et doublèrent le cap à la rame. »

La Saga d'Erik le Rouge, « La Pléiade », Gallimard, 1987, traduction R. Boyer.

Découverte à Aarhus, au Danemark, cette stèle du XIe siècle est ornée d'un masque monstrueux qui servait probablement de talisman contre les créatures infernales. Il est aussi gravé de signes runiques : « Gunnulfr, Eygautr, Alaskr et Hrolfr firent dresser cette pierre en mémoire de Ful, leur compagnon qui périt quand les rois s'affrontèrent ». Il s'agit peut-être d'une allusion à la bataille de Svolder qui a opposé, vers l'an mille, le roi de Norvège Olaf Tryggvason à une coalition animée par les souverains du Danemark et de Suède.

L'EUROPE EN PLEINE CROISSANCE

LA POPULATION EUROPÉENNE DE 1100 À 1250

1100	40 millions d'habitants
1200	61 millions d'habitants
1250	69 millions d'habitants

LA POPULATION DU ROYAUME DE FRANCE

1000 : 6 millions d'habitants
1226 : 13 millions d'habitants
1250 : 14 millions d'habitants
1328 : 17 millions d'habitants
1560 : 16 millions d'habitants
1715 : 19,6 millions d'habitants
1725 : 24 millions d'habitants
1774 : 27 millions d'habitants

LA MOSAÏQUE DES NATIONS

« Les Français sont vaniteux, mous et efféminés, les Poitevins traîtres et attirés par la fortune, ceux de Bourgogne brutaux et sots, les Bretons légers et inconsistants, les Flamands excessifs, prodigues, mous comme le beurre. »

Extrait d'un manuel scolaire du XIIIe siècle.

LES RAVAGES DE LA PESTE NOIRE

POURCENTAGE DE DÉCÈS
PAR RAPPORT À LA POPULATION TOTALE
entre 1338 et 1460

Florence	60 %
Hambourg	70 %
Provence	60 %
Normandie	60 %
Dauphiné	60 %
Angleterre	60 %
Europe	entre **30** et **50 %**

LES PLUS GRANDES VILLES FRANÇAISES À LA FIN DU XIIIE SIÈCLE

Paris	150 000 habitants
Rouen	40 000 habitants
Montpellier	40 000 habitants
Toulouse	35 000 habitants
Tours	30 000 habitants
Orléans	25 000 habitants
Strasbourg	25 000 habitants
Narbonne	25 000 habitants
Bordeaux	20 000 habitants
Lille	20 000 habitants

LE MATCH : VENISE • FRANCE !

	VENISE AU XVE SIÈCLE	ROYAUME DE FRANCE AU XVE SIÈCLE
POPULATION	150 000 habitants (la ville de Venise et sa banlieue)	15 millions d'habitants
	1,5 million d'habitants (l'empire vénitien)	
RECETTES	775 000 ducats (la ville de Venise et sa banlieue)	1 million de ducats
	1,615 million de ducats (empire vénitien)	

LE MATCH : PARIS • LONDRES !

	POPULATION DE PARIS	POPULATION DE LONDRES
IIIe siècle	**20 000**	**40 000**
1100	**20 000**	**18 000**
1292	**150 000**	**80 000**
1320	**200 000**	**50 000**
1500	**150 000**	**50 000**
1550	290 000	35 000
1595	200 000	152 000
1630	400 000	317 000
1700	500 000	600 000
1800	547 000	1 000 000
1830	1 000 000	1 600 000
1890	2 500 000	6 700 000
1939	6 000 000	8 000 000
2007	9 600 000 (agglomération parisienne)	7 556 930 (Grand Londres)

LE RENDEMENT DU BLÉ DANS LE NORD DE LA FRANCE

IXe siècle : deux grains récoltés pour un semé.

Milieu du XIIe siècle : quatre grains récoltés pour un semé.

Milieu du XIIIe siècle : cinq grains récoltés pour un semé.

Fin du XIIIe siècle : sept grains récoltés pour un semé, voire dix grains récoltés dans certaines exploitations de Beauce ou de Picardie.

LES PROGRÈS DE L'AGRICULTURE

Dès le XIe siècle, la charrue commence à remplacer l'antique araire. Cet outil n'est pas nouveau, il remonte probablement aux premiers siècles de notre ère. Mais il ne se diffuse qu'au cours du Moyen Âge. Le travail est nettement facilité puisque cet outil peut remplacer une dizaine de paysans équipés de bêches et de houes. La charrue est progressivement perfectionnée, au cours du XIIIe siècle. Parallèlement, l'attelage se modernise et l'usage du collier d'épaule, qui n'étouffe plus les bœufs, se répand.

QUELQUES TYPES DE CHARRUES

La charrue simple : avec son coutre en fer, elle s'enfonce profondément dans le sol ; son soc trace le sillon, et son versoir rejette la terre sur le côté.

La charrue « tourne-oreille » de Flandres : elle dispose d'un versoir mobile.

La « charrue branlante » anglaise : elle est dépourvue d'avant-train.

JEU DE MAINS JEU DE VILAINS

LE RUGBY DU MOYEN ÂGE

Les jeux de ballon ne datent pas du XIXe siècle. Au Moyen Âge se disputent déjà des rencontres de soule (ou choule en Normandie), dont la première mention écrite date, pour la France, de 1147. Elles opposent deux paroisses voisines, représentées par deux équipes de dix joueurs. La soule est une poche de cuir ou une vessie de porc remplie de son ou de foin que les joueurs d'une équipe doivent déposer à un endroit précis de la paroisse adverse : la place du village, la porte d'une église ou une mare. Il s'agit dans ce dernier cas de « noyer » la soule en la plongeant au fond de la mare. Certaines rencontres peuvent réunir 800 participants et 6 000 spectateurs. Comme presque tous les coups sont permis, les matches peuvent dégénérer en bagarre générale. C'est pourquoi les autorités royales ou ecclésiastiques françaises et anglaises tentent plusieurs fois d'interdire le jeu.

COMMENT ACCOUCHER AU MOYEN ÂGE ?

« La sage-femme s'enduira d'huile le doigt de la main gauche chaude et massera l'orifice de la mère afin de l'ouvrir et de l'élargir en sorte que le placenta puisse sortir avec l'enfant. Les matrones qui se tiennent aux côtés de la mère lui prodigueront des paroles apaisantes pour éviter qu'elle ne crie et lui ordonner de fermer la bouche ; pour diriger aussi ses plaintes et son halètement vers l'intérieur au moment où la douleur se produit. Celles qui se tiennent derrière elle lui tiendront les mains dans un drap. Quant aux jeunes femmes primipares, il convient de leur introduire délicatement un doigt pour extirper la poche, mais avec précaution pour éviter de la rompre. Il faut aussi veiller à ce que le nourrisson ne tombe pas brusquement, de peur qu'il n'endommage sa tête ou son cou au moment où l'orifice est naturellement ouvert du fait de l'écoulement des humeurs. »

Le Livre de la génération, XIIIe siècle.

PAGE DE DROITE
Un homme et une femme attachés par les parties génitales, et exhibés, sous bonne escorte, dans les rues d'une ville… Ce charivari était imposé aux couples adultères.

LE PETIT MANUEL DU CONFESSEUR

2. T'es-tu accouplé avec ta femme, ou avec une autre par-derrière, comme les chiens ? Si oui : 10 jours de pénitence au pain et à l'eau. [...]

60. As-tu consulté les sorciers, les as-tu introduits chez toi pour rechercher un objet perdu ou pour faire des purifications? As-tu, selon les habitudes des païens, consulté des devins – tels que des prophètes – pour connaître l'avenir ? As-tu consulté les jeteurs de sorts, des devins, les augures ou les enchanteurs ? Si oui : 2 ans de jeûne. [....]

123. As-tu forniqué comme le font les sodomites en mettant ta verge dans le postérieur d'un homme ? Si tu es marié et si tu l'as fait une ou deux fois : 10 ans de pénitence aux jours officiels, dont l'un au pain et à l'eau. Si c'est une habitude : 12 ans. Si c'est avec ton frère de chair : 15 ans. [...]

126. As-tu commis la sodomie ou la bestialité, avec des hommes ou des animaux, à savoir avec une vache, une ânesse ou tout autre animal ? Si tu l'as fait une ou deux fois, et que tu n'avais pas d'épouse pour assouvir ta lubricité, tu jeûneras 40 jours au pain et à l'eau et tu feras toujours pénitence. Si tu étais marié, tu jeûneras 10 ans aux jours fixés. [...]

166. As-tu bu le sperme de ton mari, afin qu'il t'aime davantage grâce à tes agissements diaboliques ? Si oui : 7 ans de pénitence au pain et à l'eau aux jours fixés.

172. As-tu agi comme font les femmes : elles prennent un poisson vivant, l'introduisent dans leur sexe, l'y maintiennent jusqu'à ce qu'il soit mort, et après l'avoir cuit ou grillé, elles le donnent à manger à leur mari pour qu'il s'enflamme davantage pour elles ? Si oui : 2 ans de jeûne.

Extrait du pénitentiel de Burchard de Worms, 1010,
traduit par C. Vogel *in Le pécheur et la pénitence au Moyen Âge*, éditions du Cerf.

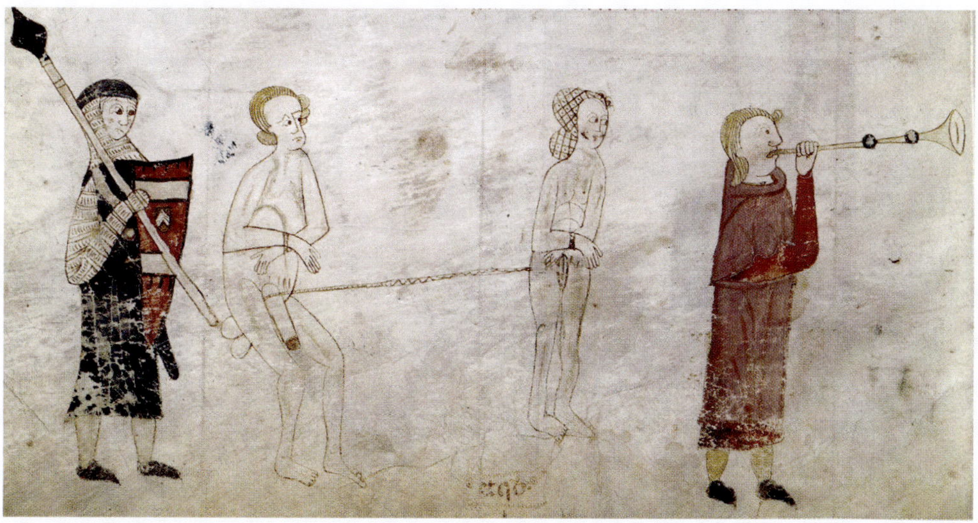

LES RÈGLES DU POUVOIR

LES DEVOIRS DU VASSAL ENVERS SON SEIGNEUR

• Payer une somme d'argent (le relief) au moment où il reçoit son fief.

• Aider son seigneur (*auxilium*).

• Le conseiller au sein de l'assemblée des vassaux, la cour vassalique (*consilium*).

• Assister le seigneur lorsqu'il prend des décisions importantes.

• Participer à la cour des pairs, tribunal réunissant les vassaux, chargés de juger un vassal ou même le seigneur.

• Participer aux campagnes militaires de son seigneur (ost) au maximum 40 jours par an. Le vassal n'est pas contraint de participer à une expédition outre-mer ni hors des frontières de la principauté ou du royaume.

• Participer à ses chevauchées (coups de main, escortes...).

• Garder le château (estage).

• Participer financièrement :
- à l'adoubement du fils du seigneur,
- au mariage de la fille aînée du seigneur,
- à la rançon, en cas d'enlèvement du seigneur,
- à la croisade.

LES DEVOIRS DU SEIGNEUR ENVERS SON VASSAL

• Lui attribuer un fief.

• Lui donner les moyens de vivre selon son rang.

• Le défendre.

• Se montrer juste envers lui.

• En cas de campagne militaire outre-mer ou hors des frontières de la principauté, le seigneur se doit de payer les frais de son vassal et de remplacer tous ses chevaux tués.

Les marques de fromages renvoient souvent au Moyen Âge et notamment à la chevalerie, pour vanter leur authenticité et leur caractère.

LES 12 COMMANDEMENTS DU CHEVALIER

- Tu croiras à tous les enseignements de l'Église et tu observeras ses commandements.
- Tu protégeras l'Église.
- Tu défendras tous les faibles.
- Tu aimeras le pays où tu es né.
- Tu ne fuiras jamais devant l'ennemi.
- Tu combattras les infidèles avec acharnement.
- Tu rempliras tes devoirs féodaux, à condition. qu'ils ne soient pas contraires à la loi divine.
- Tu ne mentiras jamais et tu seras fidèle à ta parole.
- Tu seras libéral et généreux.
- Tu seras le champion du droit et du bien contre l'injustice.

LE BARON EST-IL PLUS IMPORTANT QUE LE MARQUIS ?

La première dignité est celle de duc, vient ensuite le marquis qui était autrefois le chef militaire d'une région frontalière appelée « marche » (d'où le mot marquis), puis vient le comte, le vicomte, le baron, enfin le simple chevalier ou sire (possédant un château).

LES OBLIGATIONS DES PAYSANS

- Payer le **cens**, une redevance foncière.
- Payer des amendes.
- Payer les taxes :
  - des péages et des marchés,
  - des banalités (taxes payées par le paysan pour l'utilisation obligatoire du pressoir ou du moulin du seigneur).
- Fournir des réquisitions.
- Effectuer les corvées : entretenir le domaine du seigneur, par exemple le château.

LES ATTRIBUTS DE L'EMPEREUR BYZANTIN

Le diadème

La chlamyde, grand manteau pourpre

Les *kampagia*, les bottes pourpres

Le sagion (tunique) brodé d'or

LES SYMBOLES DES ROIS DE FRANCE

La main de justice : autorité judiciaire

L'épée du sacre : autorité militaire

Le sceptre : autorité politique

La fleur de lys : royauté capétienne

La couronne : monarchie

QUELQUES PERSONNAGES DU CYCLE ARTHURIEN

ARTHUR
Fils du roi Uterpendragon et élevé par Merlin, il parvient à arracher l'épée Excalibur de son roc, ce qui lui permet de devenir roi de Bretagne.

GALAAD
Fils de Lancelot, il devient, après son père, le meilleur chevalier du monde. En raison de la pureté de son cœur, il parvient à emporter le Graal à Sarras, sur la nef de Salomon.

GAUVAIN
Ce neveu d'Arthur est le modèle du chevalier vertueux, séduisant et fidèle au roi.

GUENIÈVRE
Épouse du roi Arthur.

LANCELOT
Fils du roi Ban de Bénoïc, il est élevé à la mort de son père par la Dame du Lac. Meilleur chevalier du monde, il n'a qu'un défaut, son amour adultère pour la reine Guenièvre qui provoque la chute du royaume d'Arthur.

MERLIN
Fils d'un démon et d'une vierge, ce magicien est le conseiller d'Uterpendragon et d'Arthur et le fondateur de la Table ronde.

MORDRED
Fruit de l'union incestueuse du roi Arthur et de la reine d'Orcanie, il s'empare du trône de Bretagne, pendant l'absence du roi. Il incarne le traître dans le cycle romanesque arthurien.

MORGANE
Cette demi-sœur du roi Arthur est douée de pouvoirs magiques.

PERCEVAL LE GALLOIS
Son origine est mystérieuse à tel point que lui-même ne la connaît pas. Il ne saura pas reconnaître le Graal, alors qu'il est à portée de main.

YVAIN
Ce chevalier séduit la veuve d'Esclados le Roux puis part tournoyer. Cependant, il ne tient pas sa promesse de la revoir un an plus tard, et sombre dans la folie. C'est après avoir sauvé la vie à un lion qu'il se fait pardonner par sa Dame.

LES EXPRESSIONS DU MOYEN ÂGE

Mettre sa main au feu

Cette expression renvoie à la pratique judiciaire de l'ordalie. Pour prouver son innocence, un accusé devait tenir dans sa main une barre de fer rougie au feu. Si elle n'était pas brûlée, il était déclaré innocent.

Payer en monnaie de singe

Au XIIIe siècle, le « Petit pont » situé entre l'île de la Cité et la rue Saint-Jacques, est payant. Les seuls à être dispensés de péage sont les jongleurs, les bateleurs ou les forains qui possèdent des singes. Pour passer gratuitement, ils doivent faire leur numéro devant le péager.

Une cotte mal taillée

La cotte (qui s'écrivit longtemps cote) était au Moyen Âge une tunique qui, si elle était mal taillée, ne convenait à personne. La cote est un impôt de la fin du Moyen Âge. Lorsqu'elle était taillée, elle signifiait établie, répartie entre les contribuables.

Avoir maille à partir

Le mot « maille » renvoie à une monnaie valant la moitié d'un denier, c'est-à-dire de très faible valeur. Quant au terme « partir », il était, au début du Moyen Âge, synonyme de « partager ». Se partager une si petite somme revenait donc à se disputer.

Faire grève

À Paris, les ouvriers sans travail se réunissaient sur la place de Grève, le long de la Seine et attendaient une éventuelle offre d'embauche.

À la queu leu leu

En ancien français, « loup » se dit « leu ». Ces animaux, redoutés par les hommes, ont l'habitude de se grouper en meute sous la conduite d'un mâle dominant, et de s'aligner derrière lui, presque en file indienne.

Être sur la sellette

L'accusé qui comparaissait devant ses juges, s'asseyait sur un petit banc de bois, une sellette. Cet objet a fini par symboliser la situation humiliante d'une personne mise en cause ou exposée au jugement des autres.

Mettre la table

Il n'y avait pas réellement, au Moyen Âge, de salle à manger disposant d'une table spécialement destinée à cet usage. Par ailleurs, les rois avaient l'habitude de nomadiser avec leur cour, de résidence en résidence, avec tous leurs meubles. À l'heure du repas, on « mettait la table » en installant une grande planche et des tréteaux.

Jeter aux oubliettes

C'est dans ces cachots, situés sous le donjon, qu'étaient jetés, parfois pour toujours, ceux dont les seigneurs voulaient se débarrasser.

L'ART ROMAN PAR LES DATES

983	Consécration de l'abbatiale de Cluny II.
997-1014	Construction de Saint-Martin de Tours
1000-1010	Construction de Saint-Vorles à Châtillon-sur-Seine
1002	Début de la construction de l'abbatiale de Saint-Bénigne de Dijon, sous la direction de Guillaume de Volpiano.
1007-1019	Chevet de Saint-Philibert de Tournus.
1009	Consécration de la chapelle basse de l'église de Saint-Martin-du-Canigou
1019-1020	Linteau de Saint-Genis-des-Fontaines.
APR. 1020	Construction de la crypte de la cathédrale de Chartres, sous l'évêque Fulrad
V. 1025	Construction de la tour-porche de Saint-Benoît-sur-Loire par l'abbé Gauzelin
1025-1080	Construction de Saint-Martial de Limoges.
V. 1035-1040	Construction de l'avant-nef de Saint-Philibert de Tournus
1039-1065	Construction de Sainte-Foy de Conques
1037-1057	Construction de l'abbatiale de Notre-Dame de Jumièges
1064-1077	Construction de Saint-Etienne de Caen
1068-1097	Construction de l'église de Saint-Étienne de Nevers
V. 1070	Début du chantier de Saint-Sernin de Toulouse
1078	Début du chantier de la cathédrale de Saint-Jacques-de-Compostelle
V. 1088-121	Construction de Cluny III, entreprise par Hugues le Grand
AV. 1096	Table d'autel de Saint-Sernin de Toulouse
1100	Cloître de Moissac
	Statue reliquaire de sainte Foy de Conques
	Peintures de Saint-Savin sur Gartempe
1110-1115	Sculpture de la porte Miègeville de Saint-Sernin de Toulouse
1115-1130	Sculpture du porche sud de l'église Saint-Pierre de Moissac
1135-1145	Construction de l'abbatiale de Clairvaux
1139-1147	Construction de l'abbatiale de Fontenay
1154-1174	Agrandissement de l'abbatiale de Clairvaux

LA LIBERTÉ DES SCULPTEURS ROMANS

Ce chapiteau roman du XIIe siècle représente la luxure, sous les traits d'une femme nue, tenant attachée l'avarice. Église Saint-Martin de Landiras, Gironde.

RECETTES DE BONNE FEMME

À TABLE !

Pour préparer les lapins et les lièvres

Faire un bouillon pour que la chair se ramollisse et surtout blanchisse.
Puis les mettre à la broche, bien lardés,
puis les mettre près du feu
et selon l'usage les faire griller.
Puis les asperger d'une décoction composée d'épices diverses :
poivre, cinnamome, noix de muscade, macis,
clou de girofle, cubèbe, galanga, cardamome, graine de Paradis,
bien mélangés dans du vinaigre.
Cette recette donne de l'appétit,
est bonne pour l'estomac et rend le mets plus tendre et savoureux.
Pour les gens simples, suffiront :
3 onces de poivre avec de la cannelle et de la chapelure.

Traité sur la façon de préparer et assaisonner tous les mets, XIVe siècle, traduit par M. Mulon *in* « Deux traités inédits d'art culinaire médiéval », *Bulletin philologique et historique*, 1968.

UNE RECETTE DE TAILLEVENT

Plus connu sous le nom de Taillevent, le Normand Guillaume Tirel (1310-1395) est l'un des plus grands cuisiniers de l'histoire. Il fut le premier queux (« maître cuisinier ») des rois de France Charles V et Charles VI. Il a laissé un célèbre livre de recettes : Le Viandier.

« Blanc-manger de chapon. Cuisez-le en eau jusqu'à qu'il soit bien cuit, et broyez des amandes à grand foison, et du blanc d'un chapon bien broyé, et défaites de vostre bouillon ; passez dans l'étamine, puis mettez bouillir tant qu'il soit bien liant pour tailler, puis versez en une écuelle, puis mettez à frioler [revenir] une demi-douzaine d'amandes pelées, et posez-les sur le bout en la moitié de vostre écuelle, et en l'autre moitié des pépins de pomme de Grenade, et sucrez par-dessus. »

Taillevent, *Le Viandier*, BNF, traduction B. Laurioux, *Le Moyen Âge à table*, Paris, 1989, p. 45.

UNE RECETTE DU MÉNAGIER DE PARIS

Rédigé en 1393 par un bourgeois parisien, Le Ménagier de Paris *est l'autre grand livre de cuisine médiévale.*

« **Le brouet de fressure de Pourcel.**

Broyez du gingembre, des clous de girofle, de la graine, etc., puis ajoutez le vinaigre et le vin, puis du pain rôti et trempé en vinaigre, broyez et coulez et mettez tout ensemble ; et cuisez votre fressure, coupée en plusieurs morceaux et frite en saindoux. Puis mettez du chaudeau [eau de cuisson de viande] des boudins, ou du chaudeau du chaudun [boyau] en un pot, avec votre pain broyé après vos épices broyées, et faites bouillir ; puis jetez dans votre pot les morceaux de votre friture et faites bouillir un bouillon, et dressez. »

Le Ménagier De Paris,
Traité de morale
Et d'économie domestique
Composé par un bourgeois parisien, 1393.

LES SECRETS DU MOINE THÉOPHILE

« L'or appelé espagnol se fait avec du cuivre rouge, de la poudre de basilic, du sang humain et du vinaigre.

Comment donner naissance à des basilics ?

« Les infidèles ont une maison souterraine construite en pierre, entièrement à la partie supérieure et inférieure, avec deux petites ouvertures si étroites qu'à peine il y peut passer quelques rayons de lumière. Ils y enferment deux vieux coqs de douze à quinze ans, et ils leur donnent une nourriture suffisante. Lorsqu'ils sont engraissés, ils s'unissent ensemble par la chaleur de leur embonpoint et pondent des œufs. On retire alors les coqs, et on les remplace, pour couver les œufs, par des crapauds qu'on nourrit de pain. Les œufs ayant été couvés, il en sort des poussins, semblables à ceux des poules ; sept jours après, il leur pousse des queues de serpent. »

Comment fabriquer de « l'or espagnol » ?

« Ceux qui élèvent ces basilics ont des vases d'airain arrondis, d'une grande capacité, percés de tous côtés, avec des ouvertures étroites ; ils y mettent ces poulets et ils en ferment les ouvertures avec des couvercles de cuivre ; ils enfouissent les vases et les animaux se nourrissent, pendant six mois, de la terre qui entre par ces petits trous. Après cela, ils les découvrent et les font chauffer fortement jusqu'à ce que les animaux soient entièrement brûlés à l'intérieur. Après le refroidissement, ils les retirent et broient soigneusement, en y ajoutant un tiers de sang d'un homme roux, lequel sang sera desséché et trituré. Ces deux substances sont détrempées avec du vinaigre dans un vase propre. Ils prennent ensuite de très minces lames de cuivre rouge très pur, qu'ils enduisent des deux côtés de cette composition et ils les lavent ; ils continuent la même opération jusqu'à ce que cette composition attaque le cuivre et que ce métal prenne la couleur de l'or. »

Théophile, *Essai sur divers arts*, XIIe siècle, édité et traduit par le chanoine J.-J. Bourassé, *La Nouvelle encyclopédie théologique*, Paris, 1863.

LA MÉDECINE AU MOYEN ÂGE

LES VERTUS MÉDICINALES DE LA SAUGE

« La sauge est bonne à manger, aussi bien crue que cuite, car elle apaise les humeurs. Prendre de la sauge et la réduire en poudre ; manger cette poudre avec du pain, et elle fera disparaître l'excédent des humeurs nocives. [....] Si on est dégoûté de toute nourriture, prendre de la sauge, un peu de cerfeuil, un petit peu d'ail : piler le tout dans du vinaigre et en faire un condiment qu'on mettra sur les aliments et on retrouvera l'appétit. [...] Si de mauvaises vapeurs venant de l'estomac provoquent des douleurs dans les hanches, prendre de la sauge, une part, de la seuwurtz [plante inconnue], cinq parts, et de la rue [arbrisseau dont les feuilles ont des vertus médicinales], dix parts, faire cuire dans une marmite neuve jusqu'à ce que commence l'ébullition. Ôter l'eau et mettre ces herbes, encore chaudes, sur la région douloureuse, en plaçant un linge par-dessus. »

H. de Bingen, *Le Livre des subtilités des créatures divines*, milieu du XIIe siècle, *in* G. Brunel et É. Lalou, Source d'*histoire médiévale*, Larousse, 1992.

FAUT-IL MANGER DES ANIMAUX CASTRÉS ?

Au XIe siècle, le médecin de Bagdad Ibn Butlân (1001-1066) écrit le KitâbTaqwim as-sihha *(« La préservation de la santé »), qui recense les effets sur l'homme des plantes, des animaux et du climat. Une traduction latine en est réalisée en Occident au milieu du XIIIe siècle : le* Tacuinum Sanitatis *(« Tableau de santé »).*

« Animaux castrés

Nature : plus froide que les animaux non castrés.

Sélection : moutons, puis bouc d'un an, enfin veaux ; tels sont les degrés de qualité pour les animaux castrés.

Utilité : se digèrent bien.

Inconvénients : fatiguent l'estomac.

Remède : jus de fruits ou vin de grenade.

Effets : tempèrent le sang.

Conviennent particulièrement aux complexions tempérées et chaudes, aux jeunes, au printemps et dans les régions orientales. »

Extrait du *Tacuinum Sanitatis*, milieu du XIIIe siècle.

PAGE DE DROITE
La médecine accomplit de nets progrès à la fin du Moyen Âge, comme en témoignent les différents traités médicaux rédigés à cette période. Cette planche du XVe siècle décrit, à l'aide de dessins très réalistes, les techniques opératoires ainsi que les outils qui permettent de traiter la fistule à l'anus. L'opération n'en restait pas moins extrêmement douloureuse...

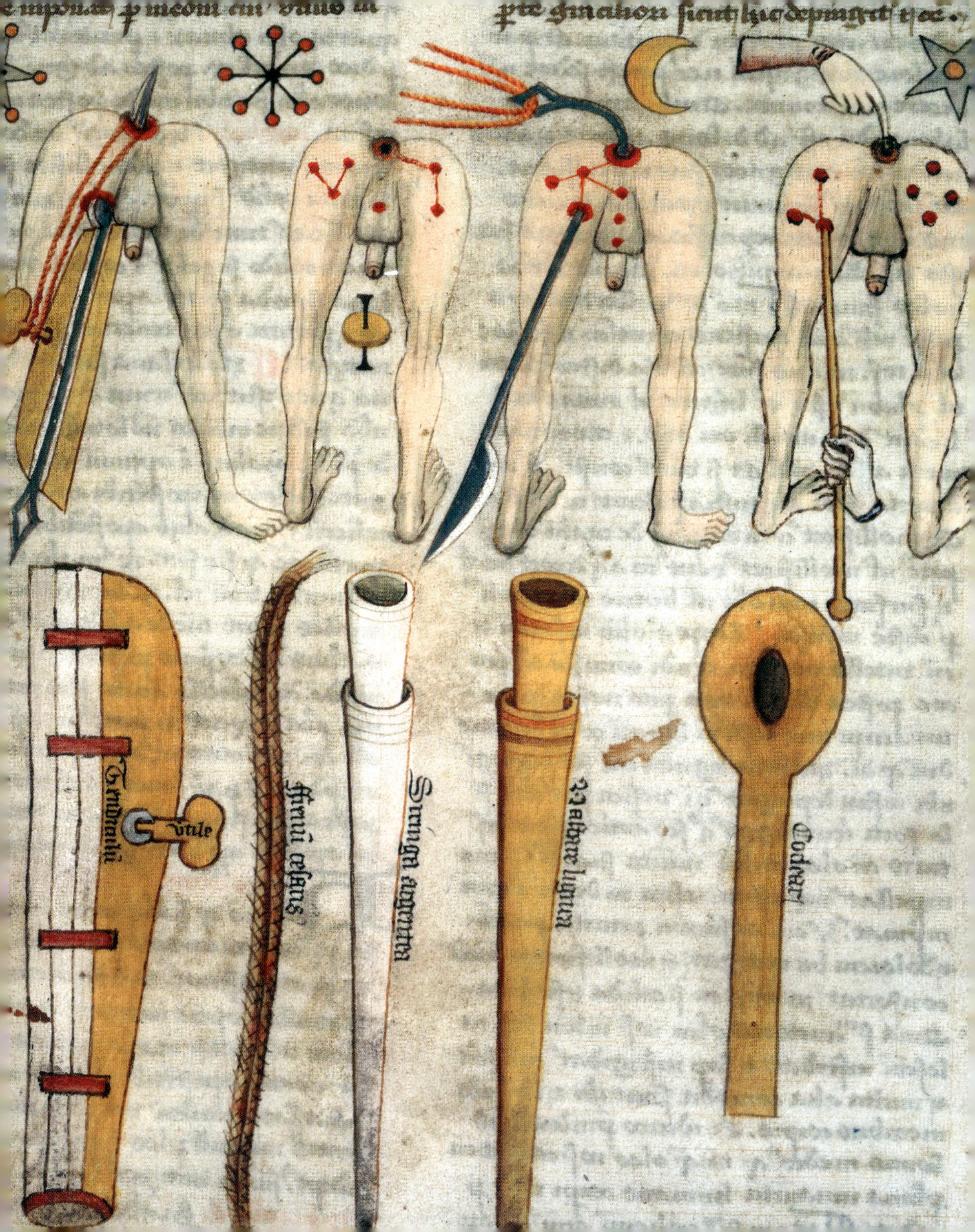
utile
Siringa argentea

FOI ET SUPERSTITIONS

UN SOUVERAIN CHRÉTIEN EXEMPLAIRE

Guillaume, le roi normand de Sicile

« L'attitude du roi est vraiment extraordinaire. Il a une conduite parfaite envers les musulmans ; il leur confie des emplois ; il choisit parmi eux ses "officiers", et tous, ou presque tous, gardent secrète leur foi et restent attachés à la foi de l'islam. Le roi a pleine confiance dans les musulmans et se repose sur eux de ses affaires, et de l'essentiel de ses préoccupations, à tel point que l'intendant de sa cuisine est un musulman. Il a une troupe d'esclaves noirs musulmans. [...] Un autre trait que l'on rapporte de lui et qui est extraordinaire, c'est qu'il lit et écrit l'arabe [...]. Les femmes esclaves et les favorites de son palais sont toutes des musulmanes. [...] On nous a raconté que la Sicile fut secouée d'un tremblement de terre, dont ce roi fut fort effrayé. Il parcourut alors son palais où il n'entendit qu'invocations à Dieu et à son prophète, prononcées par ses femmes et par ses eunuques. Si ceux-ci manifestèrent quelque trouble à sa vue, il leur dit pour les rassurer : « Que chacun de vous invoque celui qu'il adore et dont il suit la foi. »

Ibn Djubayr, *Voyages*, 1185, traduit par G. Gaudefroy Demombynes, publiés par l'Académie des inscriptions et belles lettres, Paris, 1949-1956.

LES CRIMES DES TEMPLIERS SELON L'INQUISITION (1308)

« Ils renient le Christ qu'ils qualifient de faux prophète [...], ils crachent sur la croix, la piétinent, urinent sur elle au cours de leurs cérémonies.

« Ils adorent des idoles, chat, têtes à trois faces, qu'ils substituent au Sauveur.

« Ils ne croient pas aux sacrements, et les prêtres de l'ordre "oublient" les formules de consécration durant la messe. Les maîtres et dignitaires de l'ordre, bien que laïcs, donnent l'absolution des péchés aux frères.

« Pratiques obscènes et homosexualité. Ils doivent contribuer à l'enrichissement de l'ordre par n'importe quels moyens.

« Ils se réunissent la nuit, en secret ; toute révélation sur les chapitres est santionnée sévèrement, y compris par la mort »...

Cette statue reliquaire est peut-être la fameuse « tête magique » que les Templiers étaient accusés d'adorer.

LE PAPE A TOUJOURS RAISON !

« 1. L'Église romaine a été fondée par le Seigneur seul.

2. Seul, le pontife romain mérite d'être appelé universel.

3. Seul, il peut déposer ou absoudre les évêques.

6. On ne peut rester sous le même toit que ceux qui ont été excommuniés par lui.

9. Le pape est le seul homme dont tous les princes baisent les pieds.

10. Il est le seul dont le nom soit prononcé dans toutes les églises.

12. Il lui est permis de déposer les empereurs.

14. Il peut, où il veut, ordonner un clerc de n'importe quelle église.

17. Aucun texte canonique n'existe en dehors de son autorité.

19. Il ne doit être jugé par personne.

20. Personne ne peut condamner une décision du siège apostolique.

21. Les causes importantes de toute église doivent lui être rapportées.

22. Le pontife romain, s'il a été ordonné canoniquement, devient indubitablement saint.

23. Celui qui n'est pas avec l'Église romaine n'est pas considéré comme catholique. »

Dictatus Papae, ensemble de propositions faites en 1075 par le pape Grégoire VII pour affirmer sa supériorité. Traduit du latin *in Monumenta Germaniae historica epistulae selectae*, édité par E. Caspar, Munich, 1990.

PLUS DE DISCIPLINE !

« Nous interdisons aux clercs d'exercer des commerces ou des métiers honteux et malhonnêtes, à savoir ceux de changeur, tavernier, boucher, proxénète. [...] Et, s'il leur arrive d'exercer ces activités honteuses ou de pratiquer l'usure, qu'ils se sachent excommuniés. [...]

« Les clercs ne doivent pas jouer aux dés ou aux osselets. [...]

« Les prêtres ne doivent pas recevoir chez eux de femmes, ni pour les loger ni pour le dîner, et ils ne doivent pas être logés chez une femme suspecte. »

Extraits des statuts synodaux de Cambrai, 1245, traduits par C. Boeren *in* « Les plus anciens statuts du diocèse de Cambrai », *Revue de droit canonique*, 1953.

LA DIFFUSION DU FRANÇAIS ÉCRIT

PROVINCE	PÉRIODE D'ADOPTION DU FRANÇAIS ÉCRIT
Normandie	1300-1580
Saintonge	1300-1400
Berry	1325-début du XVIe siècle
Auvergne	1400-1500
Aquitaine	Fin du XVIe siècle
Artois	1480-fin du XVIe siècle
Languedoc	1500-1540
Roussillon	1700
Pays Basque	XVIIe-XVIIIe siècle

DES ÉTUDIANTS TRÈS CHARITABLES...

Les élèves du collège de Hubant, établissement fondé en 1339 qui dépend de l'université de Paris, sont des boursiers venus du Nivernais. Ils peuvent bénéficier d'un lit, de livres et de repas, à condition de participer activement à l'entretien du collège. Ils doivent aussi se montrer très charitables et donner aux pauvres le jour de la Toussaint, des vêtements ainsi que vingt paires de chaussures neuves.

Miniature extraite du *Livre des statuts du collège de Hubant ou de l'Ave Maria*, 1387

LA JOURNÉE D'UN MOINE BÉNÉDICTIN

1 H À 2 H : prière : office des matines
2H À 3 H 30 : repos
3 H 30 À 4 H 30 : prière (laudes)
4 H 30 À 6H : repos
6 H À 7 H : prière et lecture de la règle bénédictine (prime)
7 H À 9 H : travail dans les champs ou au vignoble
9 H À 9 H 30 : prière (tierce)
9 H 30 À 11 H 30 : travail
11 H 30 À 12 H 30 : prière (sexte)
12 H 30 À 13 H : déjeuner (bouillie de légumes, poissons, fromage cru, œufs, vin) en écoutant la lecture de la Bible
13 H À 15 H : repos
15 H À 15 H 30 : prière (none)
15 H 30 À 18H : travail
18 H À 18 H 30 : prière (vêpres)
18 H 30 À 19 H : dîner (soupe de fèves, légumes, fromage cru, fruits, pain)
19 H À 20 H : prière (complies)
20 H À 1 H : repos

COMMERCE ET FINANCE

LES FOIRES DE CHAMPAGNE

Foire de Lagny-sur-Marne (janvier)

Foire de Bar-sur-Aube (mardi avant la mi-carême)

Première foire de Provins (mai)

« Foire chaude » de Troyes (juin)

Seconde foire de Provins (septembre)

« Foire froide » de Troyes (octobre)

REVENUS ORDINAIRES DU ROYAUME DE FRANCE

1202-1203 : 115 000 livres

1221 : 200 000 livres

1286 : 209 000 livres

1295 : 600 000 livres

1298 : 745 000 livres parisis

1299 : 800 000 livres parisis

D'OÙ PROVIENNENT LES REVENUS DU ROYAUME DE FRANCE AU DÉBUT DU XIIIE SIÈCLE ?

Domaine agricole : 50 %

Taille et autres taxes : 20 %

Régale des églises : 5 %

Justice : 7 %

Taxes militaires : 2 %

Autres : 16 %

AU MILIEU DU XIIIE SIÈCLE

Journée de travail d'un salarié agricole : 7 à 8 deniers

Prix d'une maison à Paris : 8 livres (1 livre = 240 deniers)

LA PLUS GRANDE ASSOCIATION DE MARCHANDS

Fondée entre 1267 et 1343, la Ligue hanséatique (ou Hanse) réunit 70 villes marchandes, pour la plupart portuaires, de la mer Baltique, de la mer du Nord et de la Manche, parmi lesquelles Riga, Dantzig et Hambourg.

LA CARTE DES VINS AU DÉBUT DU XIIIE SIÈCLE

Vins cités dans *la Bataille des vins* d'Henri d'Andeli (1223-1224)

Vin désigné par un nom de localité

Vin désigné par un nom de ville

GASCOGNE Vin désigné par un nom de région

D'après C. Higounet, *Villes, sociétés et économies médiévales*, Fédération historique du Sud-Ouest, Bordeaux.

DEUX NAVIRES DE COMMERCE DU MOYEN ÂGE

La cogue (Xe au XVe siècle) : inspiré des bateaux vikings, c'est un gros navire de commerce de l'Europe du Nord, aux formes rondes, à voile carrée, à fond plat dont la coque est construite avec des clins de bois. Muni d'un château arrière, il peut atteindre 30 mètres de longueur pour 8 mètres de largeur. Il est dirigé à l'aide d'un aviron latéral puis d'un gouvernail d'étambot.

La hourque (XIVe au XVIe siècle) : Ce navire de commerce, utilisé par les Hollandais, s'inspire de la cogue : à fond plat, doté d'un gouvernail d'étambot, il est cependant beaucoup plus renflé ce qui lui permet de transporter de grosses cargaisons de sel, de bois et de vin.

L'OR DU MALI

Cette image de l'Atlas catalan (1375) représente le roi du Mali Kanka Moussa (1312-1335), tenant une pièce d'or entre ses doigts. C'est ainsi reconnaître la puissance économique de ce souverain africain dont les mines d'or, situées dans la région du Bouré, fascinent les Européens. On raconte qu'en 1324, pour effectuer le pèlerinage de La Mecque, il aurait emmené avec lui une quarantaine de mules chargées de lingots d'or, ainsi que 60 000 serviteurs.

Atlas catalan
d'Abraham Cresques (1375).

MONNAIE DE PAPIER

Dès le Xe siècle, l'usage des billets de banque est attesté en Chine, notamment pour commercialiser le thé. Au milieu du XIIIe siècle, Marco Polo notera que le grand khan « fait circuler comme monnaie, dans tout le pays, de l'écorce qui ressemble à du papier ».

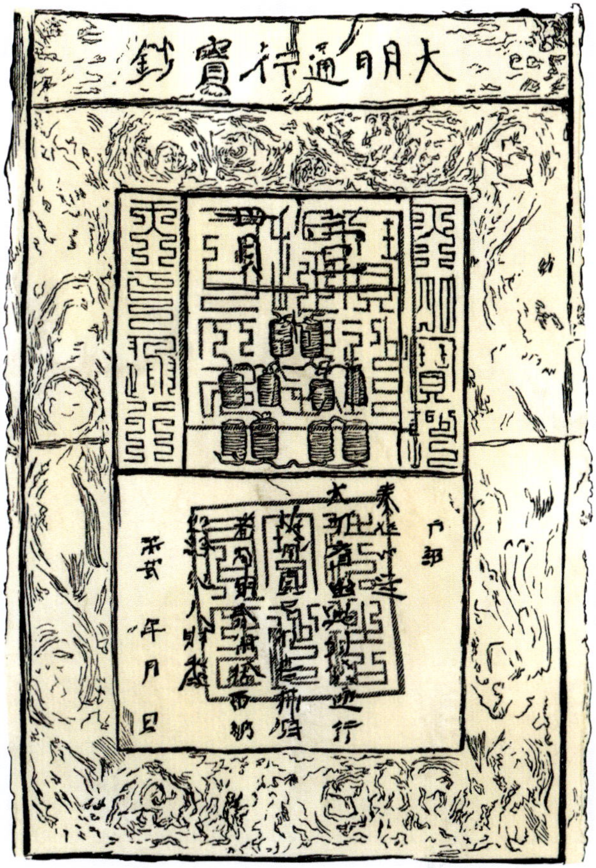

Reproduction d'une monnaie de papier de l'époque Ming, XVe siècle. Sa valeur est indiquée dans sa partie supérieure.

UNE LETTRE DE CHANGE

« Adresse : Datini et Cie à Barcelone.

« Au nom de Dieu, le 3 décembre 1399,

« Payez par cette lettre et dans le délai normal à Jean Gharone 550 écus, au taux de 10 sous 5 deniers pour un écu, montant de la somme que nous a versée Antoine Salella. Payez-la à l'échéance et portez là-bas cette somme à mon compte. Que Dieu reste avec vous.

« Alberti et Cie à Bruges.

(d'une autre main)

« Reçue le 11 janvier 1399. »

LA GUERRE DE 100 ANS

APPARITION DE L'ARTILLERIE

Une invention révolutionne la guerre de Cent Ans : la poudre à canon, un mélange de charbon de bois, de salpêtre et de soufre qui explose à la moindre étincelle ! Inventée par les Chinois au XIe siècle, elle n'est alors utilisée que pour la fabrication des fusées ou des pétards. Deux siècles plus tard, les Arabes découvrent à leur tour la recette de la poudre noire. En 1324, elle fait son apparition en Europe, lors du siège de La Réole par Charles de Valois. À la bataille de Crécy, en 1346, les canons anglais provoquent un vacarme assourdissant qui terrorise les chevaliers français.

LE PRINCE NOIR SÈME LA TERREUR...

Fils du roi d'Angleterre, Édouard de Woodstock dit le Prince Noir, (1330-1376) fait preuve d'une cruauté sans bornes. En 1355, il saccage Carcassonne et massacre la population – femmes et enfants compris – du village de Montgiscard, près de Toulouse.

L'ARBALÈTE CONTRE L'ARC ANGLAIS !

L'arbalète est une arme de jet utilisée dès le Xe siècle. Les flèches courtes tirées par l'arbalète sont des carreaux. Très puissante et précise, elle peut perforer des armures et des cottes de mailles à 150 mètres de distance. Mais sa cadence de tir n'est que de trois carreaux à la minute ... C'est une arme très meurtrière interdite par le concile de Latran en 1139, mais permise contre les infidèles.

Fait d'une seule pièce d'if ou de frêne, **l'arc Anglais** mesure jusqu'à deux mètres. Sa flèche généralement une tige de bouleau peut transpercer une armure à 100 mètres de distance ! Sa vitesse de tir est impressionnante : douze flèches à la minute !

Lors de la Bataille de Crécy (1346), les arbalétriers génois (à gauche), au service de la France, ne peuvent rien contre les redoutables archers gallois, se battant pour le roi d'Angleterre.

LES BATAILLES DE LA GUERRE DE 100 ANS

LIEU • DATES	SOUVERAINS	FORCES EN PRÉSENCES	ISSUES ET CONSÉQUENCES
Crécy **26 août 1346** **(Picardie)**	Armée française dirigée par Philippe VI Armée anglaise commandée par Edouard III	Armée française : 30 000 à 40 000 hommes Armée anglaise : 12 000 hommes **Caractéristique : rôle décisif des archers gallois et indiscipline des chevaliers français**	Défaite totale des Français, perte du nord de la France (en particulier Calais)
Poitiers **19 septembre 1356**	Armée française commandée par Jean II le Bon Armée anglaise commandée par le Prince Noir	Armée française : 15 000 chevaliers Armée anglaise : 7 000 hommes **Caractéristique : rôle décisif des archers gallois et indiscipline des chevaliers français**	Défaite humiliante française, le royaume perd un quart de ses territoires au traité de Brétigny (1360)
Cocherel **13 mai 1364** **(Normandie)**	Armée française commandée par le connétable Bertrand du Guesclin Armée anglaise et navarraise commandée par le captal de Buch	Armée française environ : 6 000 combattants Armée anglaise et navarraise : 6 000 hommes **Caractéristique : première fois où l'armée française choisit de manœuvrer (fuite déguisée)**	Première victoire française et début de la reconquête des territoires perdus
Azincourt **25 octobre 1415** **(Pas-de-Calais)**	Armée française dirigée par le connétable Charles d'Albret Armée anglaise commandée par le roi Henri V	Armée française : 30 000 à 45 000 hommes Armée anglaise : plus de 11 000 hommes (1 000 chevaliers, 6 000 archers, 5 000 fantassins) **Caractéristique : indiscipline des chevaliers français**	Désastreux traité de Troyes (1420) : la France est découpée en trois. Le royaume est réduit au Midi de la France et le dauphin Charles n'est plus que le « pauvre petit roi de Bourges »
Siège d'Orléans **8 mai 1429**	Armée française de secours commandée par Jeanne d'Arc Armée anglaise commandée par Thomas Montaigu puis John Talbot	Armée française : 6 400 soldats, 3 000 habitants en armes Armée anglaise : 5 000 hommes **Caractéristique : première intervention de Jeanne d'Arc, les troupes françaises reprennent confiance en elles**	Victoire française Orléans dégagée Charles VII peut être sacré à Reims
Castillon **17 juillet 1453** **(Aquitaine)**	Troupes françaises commandées par le Comte de Penthièvre Armée anglaise commandée par John Talbot	Armée française : 8 000 à 13 000 hommes Armée anglaise : 4 000 à 6 000 hommes **Caractéristique : rôle important et effrayant de l'artillerie**	Victoire française dont la conséquence est la fin de la guerre de Cent Ans

Les grands combattants de la guerre de Cent Ans, comme Jeanne d'Arc ou Du Guesclin, sont toujours aussi célèbres

En 1661, Louis XIV se prend de passion pour Louise de La Vallière, l'une des dames d'honneur de sa belle-sœur Henriette d'Angleterre. La jeune femme, qui devient rapidement la première favorite en titre, ne manque pas de susciter la jalousie des dames de la cour. Sa liaison avec le roi donnera lieu, au fil des siècles, à nombre de tableaux, de romans et même des photographies humoristiques à la mise en scène cocasse.

LES TEMPS MODERNES

LES EUROPÉENS À LA DÉCOUVERTE DU MONDE

1419	Découverte de Madère.
1427-1450	Découverte et conquête des Açores.
1434	Gil Eanes dépasse le cap Bojador (cap Boudjour au sud du Maroc).
1441	Le cap Blanc (aujourd'hui Ras Nouadhibou, entre la Mauritanie et le Sahara occidental) est franchi.
1443	Fondation du comptoir commercial d'Arguim (Mauritanie).
1444	Les Portugais découvrent l'embouchure du fleuve Sénégal.
1457	Découverte des îles du Cap-Vert.
1471-1472	Conquête des îles Sao Tome et Principe.
1482	Construction du Fort Sao Jorge da Mina, dans l'actuel Ghana.
1486	Diogo Cao franchit le Cabo Padrao (Cape Cross, en Namibie).
1487	Bartolomeu Dias franchit le cap des Tempêtes (cap de Bonne-Espérance).
1498	Le Portugais Vasco de Gama contourne l'Afrique et débarque à Calicut (Inde).
1500	Pedro Alvarez Cabral fonde le premier comptoir portugais en Asie : Cochin.
1501	Pedro Alvarez Cabral découvre le Brésil.
1507	Afonso de Albuquerque fonde le fort de Socotra, dans l'océan Indien.
1510-1512	Les Portugais s'établissent à Goa, à Sumatra et à Malacca.
1513	Établissement à Ternate (Moluques).
1515	Conquête d'Ormuz.
1543	Établissement au Japon.
1557	Les Portugais parviennent à Macao.

Ce paravent japonais du XVIIe siècle représente l'arrivée de marchands et de missionnaires portugais sur les côtes japonaises au milieu du XVIe siècle.

C'est à bord de solides caraques de 1 500 tonneaux que les Portugais parviennent jusqu'au Japon. Parmi eux figurent des commerçants, avides de nouveaux marchés, mais aussi des missionnaires, désireux d'évangéliser l'archipel.

Les Portugais débarquent sur la côte leurs marchandises, notamment la soie et la porcelaine chinoises. Au fil des ans, ils vont se spécialiser dans la vente d'armes à feu, notamment d'arquebuses qui vont renforcer la puissance des grands seigneurs japonais, les daimyos.

LES NAVIRES DES GRANDS VOYAGES DE DÉCOUVERTES

La nef (XIIIe-XVIe siècle) : appelé aussi « nave » ou « caraque », c'est un bâtiment grand et large qui peut atteindre 30 mètres sur 13 mètres, doté d'une coque massive et d'un vaste château arrière.

La caravelle (XVe siècle-milieu du XVIIe siècle) : elle dispose de deux grandes voiles carrées, rappelant la cogue, qui permettent une bonne prise au vent arrière, et d'une voile latine triangulaire, plus souple et plus flexible, héritée des chebecs, ces navires arabes de Méditerranée. La caravelle peut ainsi s'adapter aux brusques changements de vents. Elle a un faible tirant d'eau, un tonnage relativement réduit (60 tonneaux) et une coque effilée, permettant au navire d'atteindre des vitesses importantes pour l'époque (8 à 10 nœuds). Ces caractéristiques la rendent plus maniable que la nef et plus rapide que la galère. La poupe est dominée par un château arrière où loge l'équipage qui compte une vingtaine d'hommes. C'est, par excellence, le navire des grands voyages portugais mais aussi espagnols.

L'expédition de 1492 conduite par Christophe Colomb traverse l'océan Atlantique avec une nef, la *Santa Maria* et deux caravelles, la *Pinta* et la *Nina*.

UNE TRAVERSÉE ÉPOUVANTABLE

Fernand Magellan (vers 1480-1521) quitte Séville, le 10 août 1519, à la tête d'une flotte de cinq navires et de 200 hommes. Le navigateur portugais au service de l'Espagne est à la recherche d'une liaison maritime entre l'Europe et l'Asie par l'océan Atlantique. Après avoir longé les côtes américaines, il franchit le détroit qui portera son nom. Un long calvaire commence…

« Le mercredi 28 novembre 1520, nous débouchâmes du détroit, nous engouffrant dans l'océan Pacifique. Nous restâmes trois mois et vingt jours sans avoir aucune nourriture fraîche, nous nourrissant uniquement de vieux biscuits réduits en poussière, grouillants de vermine et imprégnés de l'urine des rats. Nous buvions une eau jaunâtre et depuis longtemps putride. Nous mangeâmes également les peaux de bœuf qui couvraient le haut de la grand-vergue afin d'empêcher celle-ci de frotter contre les haubans, et qui avaient été considérablement durcies par le soleil, la pluie et le vent. Nous les laissâmes tremper dans la mer quatre ou cinq jours durant, puis nous les plaçâmes quelques instants sur la braise, avant de les manger ; et souvent, nous mangeâmes de la sciure de bois. […] Les gencives inférieures et supérieures de certains de nos hommes enflèrent, de sorte qu'il leur devint tout à fait impossible de se nourrir, et qu'ils moururent. »

Antoine de Pigafetta, *Premier voyage autour du monde sur l'escadre de Magellan*, XVIe siècle.

LE CALUMET DE LA PAIX…

Le 27 mai 1603, les explorateurs français Samuel de Champlain et Gravé du Pont concluent avec les Amérindiens un premier traité de paix, près du village de Tadoussac, au Québec.

« Le 27e jour, nous fûmes trouver les Sauvages à la pointe de Saint-Mathieu, qui est à une lieue de Tadoussac […]. Ayant mis pied à terre, nous fûmes à la cabane de leur grand sagamo [chef], qui s'appelle Anadabijou, où nous le trouvâmes avec quelque 80 ou 100 de ses compagnons qui faisaient tabagie [festin]. […]. Ledit grand sagamo [chef] Anadabijou […] commença à prendre du pétun [tabac] et en donner audit sieur Gravé du Pont et à moi, et à quelques autres sagamos [chefs] qui étaient auprès de lui ; ayant bien pétuné, il commença à faire sa harangue à tous […] en leur disant que véritablement ils devaient être fort contents d'avoir sadite Majesté [le roi de France Henri IV] pour grand ami; ils répondirent tous d'une voix : « ho, ho, ho », c'est-à-dire « oui, oui ». Lui […] dit qu'il était fort aise que sadite Majesté peuplât leur terre et fit la guerre à leurs ennemis, qu'il n'y avait nation au monde à qui ils voulussent plus de bien qu'aux Français. »

Extrait des *Oeuvres de Samuel de Champlain*, tome II (« *Des Sauvages…* »), 1603.

LA RENAISSANCE EN EFFERVESCENCE

LES VRAIS DÉBUTS DE LA RENAISSANCE

En Italie

1401	Lorenzo Ghiberti commence le décor en bronze des portes du baptistère de Florence.
1418	Brunelleschi commence l'édification de la coupole du dôme de Santa Maria del Fiore à Florence.
1425	Masaccio aide Masolino à la décoration de la chapelle Brancacci de l'église du Carmine de Florence.
1436	À Florence, la cathédrale Santa Maria del Fiore, dont la coupole a été réalisée par Brunelleschi, est consacrée.
1444	Début de la construction du palais Médicis à Florence par Michelozzo.
Vers 1494	Campagne militaire du roi de France Charles VIII en Italie.
1501-1504	Le *David* de Michel-Ange.
1505	Michel-Ange commence la décoration des voûtes de la chapelle Sixtine au Vatican.
1506	Bramante commence la reconstruction de Saint-Pierre-de-Rome.
1527	Sac de Rome par les Impériaux.

En France

Au moment où commence la Renaissance italienne, la France est en pleine guerre de Cent Ans

1415	Azincourt.
1429-1431	Épopée de Jeanne d'Arc.
1495	Retour de Charles VIII en France, avec des artistes, des artisans et des lettrés italiens qui s'installent à Amboise.
1502-1508	Construction du château de Gaillon, propriété du cardinal d'Amboise vice-roi de Milan, considéré comme le premier vrai monument Renaissance français.
1515	Roland Leroux entreprend le mausolée des cardinaux d'Amboise de la cathédrale de Rouen.
1517	Arrivée de Léonard de Vinci au manoir du Clos-Lucé.
1519	Début de la construction du château de Chambord, dont l'escalier est une copie de l'escalier de la maison des Médicis de Fiesole.
1530	Arrivée de Rosso Fiorentino à Fontainebleau et, deux ans plus tard, de Primatice.

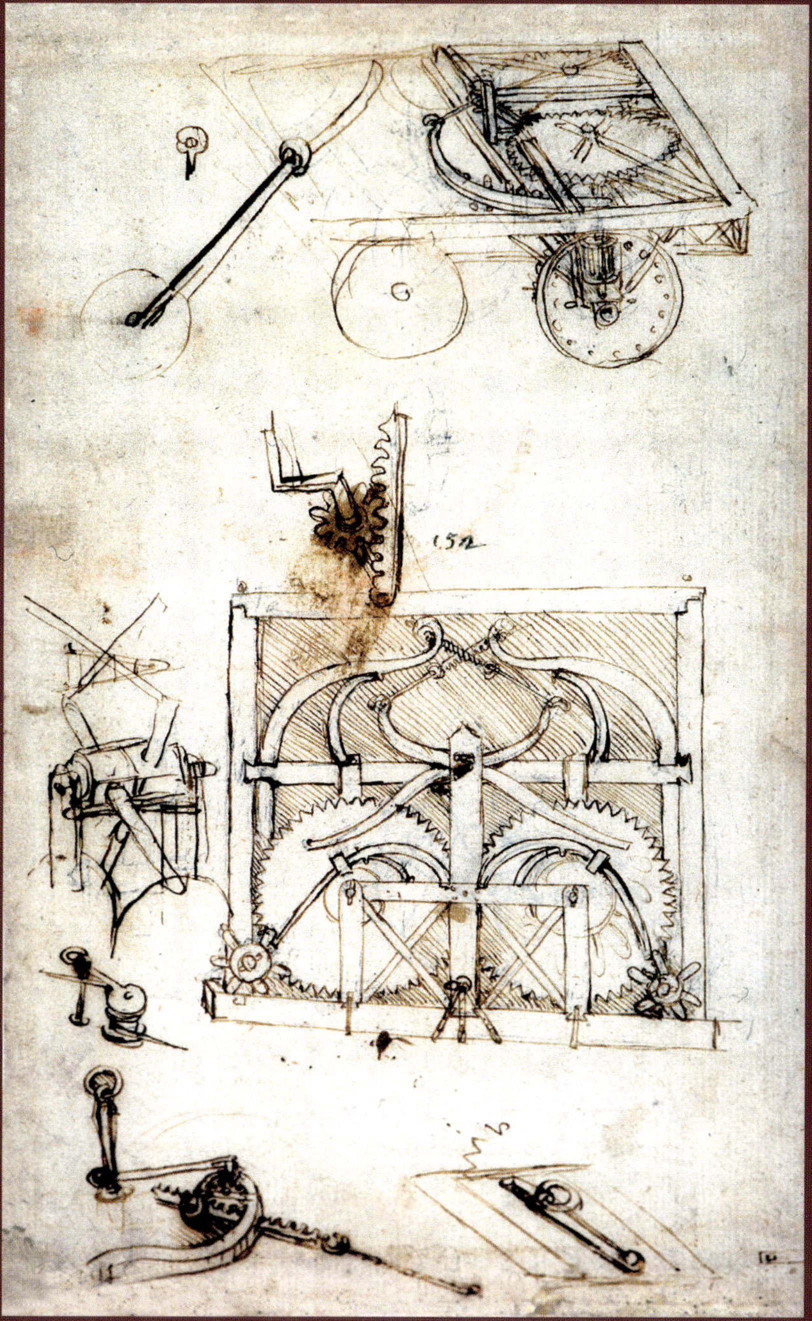

La première automobile ? Léonard de Vinci a dessiné sur cette page du *Codex Atlanticus* le plan d'un automate roulant, le lointain ancêtre de notre automobile.

LES SIX FEMMES D'HENRY VIII (1491-1547)

1509 Henri VIII devient roi et se marie avec Catherine d'Aragon.

1532 Furieux de n'avoir pas obtenu l'annulation de son mariage par le pape Clément VII, le roi décide de rompre avec Rome et place directement le clergé anglais sous ses ordres.

1533 Il épouse Anne Boleyn et répudie Catherine d'Aragon.

1534 Il refuse définitivement de reconnaître l'autorité du pape.

Il décrète l'Acte de suprématie, et prend le titre de chef suprême de l'Église d'Angleterre.

1536 Il accuse Anne Boleyn (mère de la future Élisabeth Ire) d'adultère, la fait condamner à mort, et épouse Jeanne Seymour.

1537 Jeanne Seymour meurt en accouchant du seul fils légitime d'Henri VIII, le futur Édouard VI.

1540 Il épouse Anne de Clèves, union matrimoniale qui renforce les relations diplomatiques avec les princes allemands protestants.
Le mariage ne dure que quelques mois,
Henri VIII désirant absolument épouser Catherine Howard.

1542 Catherine est exécutée sous l'accusation infidélité.

1543 Il épouse sa sixième et dernière femme, Catherine Parr.

La vie d'Henri VIII a suscité nombre d'adaptations littéraires, théâtrales et cinématographiques en Angleterre. À commencer bien sûr par la pièce de William Shakespeare créée en 1613 au fameux Théâtre du Globe à Londres. Presque trois siècles plus tard, en 1911, c'est le fameux acteur anglais Arthur Bourchier qui interprète le rôle du roi d'Angleterre.

LES BONNES MANIÈRES

L'USAGE DU FOUET EN RUSSIE

« Si la femme, le fils ou la fille ne font pas attention aux paroles ou aux instructions du père de famille [...] il faut les frapper avec le fouet, en cachette et non devant les domestiques ; et, après les avoir instruits, leur pardonner [...]. Il ne faut frapper [...] ni avec le poing sur la poitrine, ni à coups de pieds, ni avec un bâton ni avec un instrument de fer ou de bois. [...] Il en résulte de graves inconvénients : la cécité, la surdité, les luxations des jambes ou des bras ou des doigts, les maux de têtes ou de dents [...]. Mais il faut frapper avec un fouet ; cela est raisonnable et cela fait mal ; cela est terrible et bon pour la santé. »

Anonyme russe, La Vie de Ménage, début du XVIe siècle.

COMMENT BIEN OUVRIR SES YEUX, SELON ÉRASME

« Des yeux farouches sont un indice de violence ; des yeux fixes, signe d'effronterie ; des yeux errants et égarés, signe de folie ; qu'ils ne regardent pas de travers, ce qui est d'un sournois, de quelqu'un qui médite une méchanceté ; qu'ils ne soient pas ouverts démesurément, ce qui est d'un imbécile ; abaisser les paupières et cligner des yeux, c'est un indice de légèreté ; les tenir immobiles, c'est l'indice d'un esprit paresseux. »

De civilitate morum puerilium, Bâle, 1530, *in* A. Jouanna, Ph. Hamon, D. Biloghi et G. le Thiec, *La France de la Renaissance*, Robert Laffont, 2001.

FAUT-IL RETENIR UN VENT ? SELON ÉRASME

« Il est mal poli de saluer qui urine ou défèque [...]. Certains recommandent au jeune de retenir un vent en serrant les fesses. Eh bien ! Il est mal d'attraper une maladie en voulant être poli. Si l'on peut sortir, il faut le faire à l'écart. Sinon, il faut suivre le très vieux précepte : cacher le bruit par une toux. »

Érasme, *De civilitate morum puerilium*, Bâle, 1530.

LA FRANCE DE LA RENAISSSANCE LE "BEAU XVIE SIÈCLE"

1500-1559

AU DÉBUT DU XVIE SIÈCLE

Population : 16 millions d'habitants

Clergé : 140 000 personnes

Noblesse : 160 000 personnes

Tiers État : 15 700 000 personnes

35 000 paroisses, 75 000 seigneuries pour seulement 5 000 officiers de justice et de finance ainsi que 3 000 commis.

LES PLUS GRANDES VILLES DE FRANCE AU MILIEU DU XVIE SIÈCLE

Paris	300 000 habitants
Lyon	75 000 habitants
Rouen	65 000 habitants
Toulouse	50 000 habitants
Orléans	49 000 habitants
Bordeaux	35 000 habitants
Marseille	30 000 habitants
Amiens	29 000 habitants

LA FORTUNE DES OFFICIERS AU MILIEU DU XVIE SIÈCLE

Président du parlement de Paris
120 000 LIVRES

Président de la Chambre des Comptes de Paris
120 000 LIVRES

Conseiller des cours souveraines de Paris
100 000 LIVRES

Conseiller des cours souveraines de province
60 000 LIVRES

Conseiller des autres cours de province
20 000 LIVRES

FRANC, LIVRE ET ÉCU...

En 1360, le roi Jean II, prisonnier des Anglais, doit payer une énorme rançon pour sa libération. Il crée donc une nouvelle monnaie : le franc. Cette pièce d'or sera appelée la pièce « franche » c'est-à-dire libératrice. L'ordonnance prévoit la frappe d'une pièce d'or pur pesant 3,88 grammes et ayant très exactement la même valeur que la monnaie d'alors : la livre tournois. Depuis, le franc restera à peu près stable et garantira la stabilité de la vie économique. Désormais et ce jusqu'à la fin de l'Ancien Régime, malgré une dévaluation de la livre et les mutations du franc, livre et franc resteront synonymes.

1 livre = 20 sous

3 livres = 1 écu

10 livres = 1 pistole

24 livres = 1 louis d'or

QUELQUES DIFFÉRENCES ENTRE CATHOLIQUES ET PROTESTANTS, AU XVIE SIÈCLE…

	DOGME	ORGANISATION DE L'ÉGLISE	CÉRÉMONIE	BIBLE
RELIGION CATHOLIQUE	Croyance en la Vierge et aux saints. Sept sacrements. Le salut peut être obtenu par la foi et les œuvres.	Le pape est le chef de l'Église. Évêques et prêtres.	Messe	Bible écrite en latin
RELIGIONS PROTESTANTES	Refus du culte de la Vierge et des saints. Deux sacrements. Le salut ne peut être obtenu que par la foi (la prédestination pour les calvinistes).	Le pape n'est pas reconnu. Pasteurs Évêques pour les anglicans.	Lecture de la Bible, chants et sermons.	Bible écrite en langue vulgaire

IMPORTATIONS FRANÇAISES VERS 1550

TYPES DE MARCHANDISES	EN POURCENTAGE DES IMPORTATIONS TOTALES
Soieries	40,30 %
Or et argent	25,85 %
Métaux et armes	15,40 %
Épices, alun et sucre	6 %
Peaux et cuirs	4 %
Lainages	0,30 %
Tapisseries	0,17 %
Toiles	0,15 %
Divers	7,83 %

D'après R. Gascon, in F. Braudel et E. Labrousse, *Histoire économique et sociale de la France*, Paris, PUF, 1977.

LE REPAS D'UN PETIT NOBLE NORMAND AU MILIEU DU XVIE SIÈCLE

Pour 7 personnes :

Des poulets
Huit bécassines
Sucre, cannelle, clou de girofle, poivre, safran, gingembre
Quatre pots de vin achetés à Valognes
Quatre pots de vin achetés à Cherbourg
Un pot d'hypocras ou vin épicé

D'après E. Le Roy Ladurie, *Le regard d'un quasi-paysan, in Histoire des paysans français*, Seuil, 2002.

UNE RANÇON EXORBITANTE !

Le 1er juillet 1530, François Ier paye une partie de la colossale rançon qu'il doit à Charles Quint, Empereur germanique et roi d'Espagne, après sa capture en 1525, à la bataille de Pavie. S'il est libre, ses deux fils aînés servent toujours d'otages pour le paiement de la rançon. Ce 1er juillet 1530, pour les libérer, il cède donc à Charles Quint la somme exorbitante de 1,2 million d'écus, soit 4,2 tonnes d'or. Ce montant représente presque dix années d'approvisionnement en or américain !

LA FRANCE DE LA RENAISSSANCE LE « SOMBRE XVIe SIÈCLE » 1559-1598

L'ASSASSINAT DE L'AMIRAL DE COLIGNY

« Besme entre dans la chambre. Il trouve l'Amiral, sa robe de nuit sur lui, à qui il demande : « Es-tu l'Amiral ? » La réponse fut : « Jeune homme respecte ma vieillesse… Au moins si je mourais de la main d'un cavalier et non de ce goujat. » Tant il y a que, sur ces paroles, Besme lui passa l'épée au travers du corps et, en la retirant, lui met le visage en deux. Le duc de Guise, demandant si la besogne était faite, et Besme ayant répondu que oui, on lui commanda de jeter le corps par la fenêtre, ce qu'il fit… On dit qu'ils lui passèrent le mouchoir sur le visage pour ôter le sang et le connaître ; aussi que le duc lui donna du pied dans le ventre avant de s'en aller par les rues pour […] bien achever ce qui était heureusement commencé. »

Agrippa d'Aubigné, *Histoire universelle.*

Le talisman d'une reine
Cette médaille de bronze gravée de signes cabalistiques a été confectionnée pour la reine Catherine de Médicis, férue de magie blanche, par son médecin Jean Fernel, entre 1551 et 1554. Elle était censée la protéger, elle et ses descendants, du mauvais sort.

UNE PROPHÉTIE DE NOSTRADAMUS

« Déluge près, peste bovine, neuve
Secte fléchir, aux hommes joye vaine
De loy sans loy, mis au devant pour preuve.
Apas, embuche, et de ceux couper veine. »

Prophétie d'août 1564, *Centurie.*

LES PRINCIPALES ET PLUS « TYPIQUES » LIAISONS AMOUREUSES D'HENRI IV

Fleurette de Nérac, fille d'un jardinier de Nérac. Liaison avec Henri de Navarre, vers 1571-1572.

Bretine de Duras, fille d'un meunier. Liaison avec Henri de Navarre vers 1573-1574.

Louise de La Béraudière du Rouhet : fille d'honneur de la reine Margot.

Louise Borré, fille d'un notaire royal. Liaison avec Henri de Navarre vers 1575-1576. : elle eut de lui un fils, appelé Hervé (1576-1643).

Victoire de Ayala, fille d'honneur de Catherine de Médicis. Liaison avec Henri de Navarre en 1578.

Mlle Rebours, fille d'honneur de Marguerite de Navarre. Sa liaison avec cette femme superbe, connue sous le nom de « garce de Goliath », se déroule en 1579.

Catherine de Luc, en 1579, fille d'un médecin d'Agen. Elle préfére mourir de faim lorsqu'Henri IV la quitte après lui avoir fait un enfant.

Anne de Cambefort a une liaison avec Henri en 1579. Elle se donna la mort en se jetant par une fenêtre après le départ du futur Henri IV.

Françoise de Montmorency-Fosseux (1566-1641), de 1579 à 1581, fille d'honneur de la reine Margot. Elle eut une fille du roi, morte à sa naissance en 1581.

Jacqueline de Bueil. Liaison avec Henri de Navarre vers 1580-1581.

Diane d'Andoins, dite « la belle Corisande ». Liaison entre 1581 et 1587.

Esther Imbert (ou Ysambert). Elle meurt dans la misère à Saint-Denis en 1592. Elle eut deux fils d'Henri IV.

Martine, rochelaise. Elle eut un enfant d'Henri IV.

Antoinette de Pons, marquise de Guercheville. Liaison avec Henri IV en 1590.

Catherine de Verdun, supérieure de l'abbaye de Longchamp. Elle reçoit le prieuré de Saint-Louis de Vernon.

Gabrielle d'Estrées. Liaison avec le roi de 1591 à 1599.

Mme Quelin, épouse d'un conseiller au Parlement. Liaison avec le roi en 1598.

Isabelle Potier, femme du président de Boinville. Liaison avec Henri IV de 1598 à 1599.

Mlle Clein. Liaison avec Henri IV en 1599.

« La Glandée », fille de joie. Liaison avec Henri IV en 1599.

Catherine Henriette de Balzac d'Entragues, marquise de Verneuil, de 1599 à 1609.

Marie-Françoise de La Bourdaisière, sœur de Gabrielle d'Estrées. Liaison avec Henri IV, en 1599.

Charlotte des Essarts. Liaison avec Henri IV de 1607 à 1609.

Marie-Charlotte de Balzac d'Entragues. Liaison avec Henri IV entre 1605 et 1609.

Charlotte-Marguerite de Montmorency, princesse de Condé. Liaison avec Henri IV de 1609 à 1610.

LE CHOC DE LA DÉCOUVERTE DES AMÉRIQUES

LA POPULATION DU MEXIQUE, ENTRE 1510 ET 1610

1510	25 millions d'habitants
1515	25 millions d'habitants
1540	10 millions d'habitants
1550	6,3 millions d'habitants
1570	2,6 millions d'habitants
1590	1,3 million d'habitants
1610	1 million d'habitants

LES ARRIVAGES D'OR DES AMÉRIQUES DANS LE PORT DE SÉVILLE

1503-1510 : 5 000 kg d'or

1551-1560 : 42 000 kg d'or

Milieu du XVIe siècle : 8 500 kg par an

Début du XVIIe siècle : 29 tonnes par an

PAGE DE DROITE
Sur ce feuillet du Codex Mendoza (fin des années 1540) figure la liste de tous les produits que les habitants de la province de Tochtepec doivent remettre, en guise de tribut, aux percepteurs de l'État Mexica (Mexique).

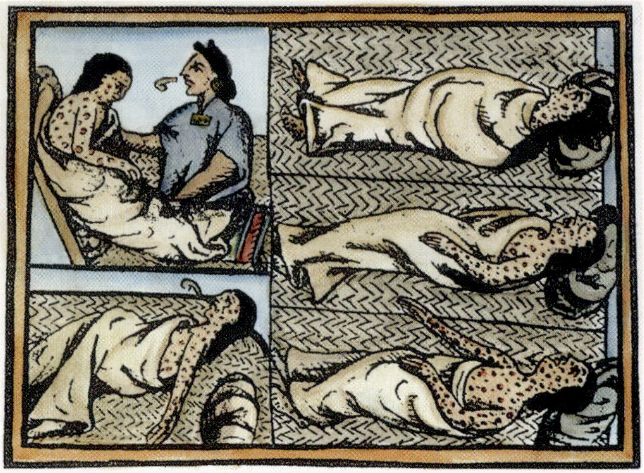

LE CHOC MICROBIEN EN AMÉRIQUE DU SUD

Cette miniature du XVIe siècle illustre les effets dévastateurs de la variole introduite par les conquérants espagnols, sur les populations aztèques.

labor
desta labor
Vna pieça de armas de plumas ricas desta divisa del paxaro/
vna rodela de oro desta hechura
mantas de dos cargas desta labor
cargas de naguas y vaipiles
vna rodela de plumas ricas
divisa de plumas ricas/
Vna diadema de oro desta hechura
vn apretador de oro para la cabeça / de ancho vna mano / y delgado como pergamino
vna sarta de cuentas de oro
vna sarta de cuentas de oro
tres pieças de chalchihuitl piedras ricas
tres sartas de chalchihuitl piedras ricas
quatro sartas de chalchihuitl piedras ricas
quatro pieças de plumas ricas
ochenta manojos de plumas ricas
tlachco
tlalcoçauhtitlan. pu
malinaltepec. pu
yoallan. pu
tototlan. pu
yxmatlatlan. pu
tetenanco. pu
cien ollas de liquidambar
dozientas cargas de cacao

LE "SIÈCLE D'OR"

LA POPULATION DES DIFFÉRENTS CONTINENTS

	1650	1750	1800
Asie	300 millions	450 millions	550 millions
Europe (avec Russie d'Europe)	100 millions	140 millions	187 millions
Amérique	13 millions	12,4 millions	24,6 millions
Afrique	100 millions	100 millions	100 millions
Océanie	2 millions	2 millions	2 millions

DEMANDEZ LA GAZETTE !

Le premier numéro de *La Gazette* est publié le 30 mai 1631, par le médecin et journaliste Théophraste Renaudot. Le nom de cet hebdomadaire s'inspire des gazettes vénitiennes, périodiques qui sont vendus pour la somme d'une *gazetta*, l'équivalent d'un demi-sou.

LA PREMIÈRE ÉMINENCE GRISE : LE PÈRE JOSEPH

Confident redouté de Richelieu, Joseph François Leclerc du Tremblay, dit le Père Joseph (1577-1638) est un moine capucin. Il est surnommé « l'éminence grise » du fait de son habit, surnom qui est passé aujourd'hui dans le langage courant. Ce capucin est presque aussi puissant que Richelieu.

LA FORTUNE DES CARDINAUX

Armand Jean du Plessis de Richelieu connaît une ascension fulgurante : évêque de Luçon depuis 1606, député aux états généraux en 1614, secrétaire d'État dès 1616, cardinal en 1622, il entre au Conseil royal en 1624 et devient principal ministre d'État de Louis XIII en 1629. Tout au long de sa carrière, il se constitue une fortune colossale de 20 millions de livres tournois, qui ne sera dépassée que par celle d'un autre cardinal, Mazarin et ses 35 millions de livres tournois en 1661 !

ANNÉE	REVENUS DE RICHELIEU
1621	55 000 livres tournois
1623	100 000 livres tournois
1624	110 000 livres tournois
1630	470 000 livres tournois
1634	700 000 livres tournois
1640	1 million de livres tournois, soit 3 660 fois plus que ce que gagne un compagnon ouvrier par an

PAGE DE DROITE
Doyen de la Faculté de médecine de Paris, Guy Patin (1601-1672) fait imprimer une série de pamphlets vengeurs contre Théophraste Renaudot. En pleine période de Fronde, il lui reproche de recevoir le soutien du cardinal de Mazarin. Surtout, il n'a pas supporté que le journaliste – qui est aussi docteur en médecine - critique ouvertement les privilèges et le conservatisme de la faculté.

LE NEZ POVRRY DE THEOPHRASTE RENAVDOT,

GRAND GAZETTIER DE FRANCE, ET ESPION DE MAZARIN:

Appellé dans les Chroniques *Nebulo hebdomadarius, de patria Diabolorum.*

AVEC SA VIE INFAME ET BOVQVINE, recompensée d'vne Verole Euripienne, ses vsures; la decadance de ses Monts-de pieté, & la ruine de tous ses fourneaux & alambics (excepté celle de sa Conference, retablie depuis quinze jours) par la perte de son Procez contre les Docteurs de la Faculté de Medecine de Paris.

LA FRANCE DU ROI-SOLEIL

LE ROYAUME EN QUELQUES CHIFFRES

La France, avec 20 millions d'habitants, est le pays le plus peuplé d'Europe.

L'espérance de vie moyenne des Français est de 35 ans à peine.

Paris, avec 500 000 habitants, est la première cité de France.

La construction de Versailles nécessite 30 ans de travaux et 30 000 ouvriers.

Le creusement du canal du Midi qui relie l'océan Atlantique à la Méditerranée sur 250 km, prend 15 ans et occupe 12 000 hommes.

Une princesse du sang se doit de changer au moins quatre fois de robe par jour.

LE PETIT ÂGE GLACIAIRE

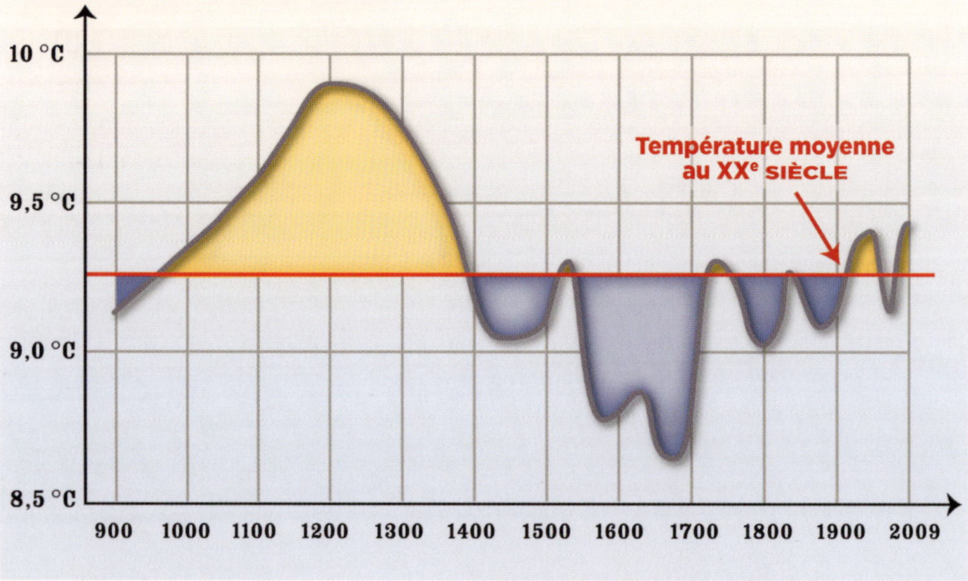

DES TEMPÉRATURES EXTRÊMES

Mai 1693	2 °C à Paris
24 janvier 1694	- 13 °C
Janvier-février 1709	- 20 °C

UNE MÉTÉO CALAMITEUSE !

1 300 000 décès supplémentaires provoqués par la vague de froid de 1693-1694.

630 000 décès supplémentaires provoqués par la vague de froid de 1709-1710.

COMBIEN SONT PAYÉS LES FRANÇAIS SOUS LOUIS XIV ?

Un compagnon ouvrier
8 à 20 sous par jour
Un ouvrier vigneron
12 sous par jour
Un soldat
5 sous par jour
Un sergent
10 sous par jour
Un sous-lieutenant
1 000 livres par an
Un colonel
6 000 livres par an
Un aumônier au service d'une grande maison
200 livres par an
Un cocher au service d'une grande maison
100 livres par an
Un laquais
100 livres par an

COMBIEN COÛTE...

Un repas dans une auberge avec du pain, de la viande et de la bière : **5 sous**
Une paire de sabots : **4 sous**
Une petite maison : **200 livres**
Une livre de sucre : **14 livres**
Une livre de viande : **5 sous**
L'entretien d'un cheval : **22 sous par jour**
Une bougie : **30 sous**
Un pichet de vin : **4 sous la pinte** (une pinte égale 1 litre)
Un pain (1 livre et demie) : **3 sous**

LES ORIGINES DU ROI LOUIS XIV

Si on remonte dix générations en arrière pour chercher les arrière-arrière-grands-pères et grands-mères, qui sont les ascendants de Louis XIV ?

10 % de Portugais
11 % d'Allemands et d'Autrichiens
7 % de Slaves
7 % d'Anglais
29 % de Français
26 % d'Espagnols
8 % d'Italiens
2 % de Lorrains et de Savoyards

BUDGET D'UN OUVRIER AGRICOLE AU DÉBUT DU XVIIIe SIÈCLE

REVENU
Revenu d'une journée de travail : 9 sous
Nombre de journées de travail par an : 190
Revenu annuel : 90 livres et 10 sous

TAXES
Taille et capitation : 6 livres
Gabelle (impôt sur le sel) : 8 livres et 16 sous
Dépenses : 60 livres
Restent : 15 livres et 4 sous

J. Cornette, *L'affirmation de l'État absolu* (1515-1562), Hachette supérieur, 1992.

UN DIALOGUE ENTRE LOUVOIS, MINISTRE DE LA GUERRE ET MONSIEUR DE NOGARET

« M. de Louvois, dit l'autre jour tout haut à M. de Nogaret : « Monsieur, votre compagnie est en fort mauvais état. – Monsieur, dit-il, je ne le savais pas. – Il faut le savoir, dit M. de Louvois ; l'avez-vous vue ? – Non dit Nogaret. – Il faudrait l'avoir vue, monsieur. – Monsieur, j'y donnerais l'ordre. – Il faudrait l'avoir donné. Il faut prendre parti, monsieur : ou se déclarer courtisan ou s'acquitter de son devoir quand on est officier. »

Madame de Sévigné, *Lettres choisies*.

ANECDOTE SUR LES REPAS DE LOUIS XIV

« Certains jours, le public est admis à venir contempler Sa Majesté en train de manger. Il déjeune donc devant son peuple, au son des violons et des flûtes et de toute une armée de pages. Aux potages et entrées succèdent rôtis et salades, puis des entremets, et enfin les fruits. Chaque fois, un nouveau cortège de domestiques vient disposer les plats ; mais tout est si bien rodé que le repas ne dure que trois quarts d'heure. Plats, assiettes et couverts sont en or ou en argent. »

D'après les *Mémoires* de Primi Visconti.

LE MENU DE LOUIS XIV

Voici le menu que se fait servir le roi au déjeuner. Il mange seul sur une table que l'on a dressée dans sa chambre ou une antichambre. Y assistent debout les grands officiers et princes du sang.

MENU À DEUX PLATS, DEUX ASSIETTES ET CINQ SERVICES, ET LES HORS-D'ŒUVRE.

Potage

2 chapons vieux pour potage de santé,
4 perdrix aux choux.

Petit Potage

6 pigeonneaux de volière pour bisque.
2 petits potages hors-d'œuvre :
1 de chapon haché, l'autre de perdrix.

Entrée

1 quartier de veau et une pièce autour,
le tout de 20 livres,
12 pigeons pour tourte.

Petite Entrée

6 poulets fricassés, 3 perdrix au jus,
6 tourtes à La braise, 2 dindons grillés,
3 poulets gras aux truffes.

Rôt

2 chapons gras, 9 poulets
9 pigeons, 2 étourneaux,
6 perdrix, 4 tourtes.

Dessert

2 bassins de porcelaine remplis de fruits,
2 de confiture sèche et 4 de compotes
ou confitures liquides.

CHOCOLAT GUÉRIN-BOUTRON
LES MOTS HISTORIQUES
72 Sujets
— " J'ai failli attendre ! "
Louis XIV, à Versailles, constatant que son carrosse n'arrivait qu'à l'heure précise.
Déposé
1700.

LES MAÎTRESSES DU ROI-SOLEIL

CATHERINE BELLIER, baronne de Beauvais, dite Cathau la Borgnesse.

OLYMPE MANCINI, comtesse de Soissons (1637-1708).

MARIE MANCINI, princesse Colonna (1639-1715).

ANNE DE ROHAN-CHABOT, princesse de Soubise (1641-1709).

CATHERINE-CHARLOTTE DE GRAMONT, princesse de Monaco (1639-1678).

HENRIETTE D'ANGLETERRE (1644-1670).

LOUISE FRANÇOISE DE LA BAUME LE BLANC, duchesse de La Vallière et de Vaujours (1644-1710).

BONNE DE PONS, marquise d'Heudicourt (1641-1709).

FRANÇOISE ATHÉNAÏS DE ROCHECHOUART DE MORTEMART, dite Mlle de Tonnay-Charente, puis marquise de Montespan (1640-1707).

MADAME DE LUDRES (1647-1722), Marie-Elisabeth, dite Isabelle, de Ludres.

CLAUDE DE VIN DES ŒILLETS (v.1637-1687).

FRANÇOISE D'AUBIGNÉ, veuve Scarron, marquise de Maintenon (1635-1719).

MARIE ANGÉLIQUE DE SCORAILLE DE ROUSSILLE, duchesse de Fontanges (1661-1681).

CI-CONTRE ET PAGE DE DROITE
Cette série de photographies du début du XXe siècle retrace, en plusieurs saynètes, l'idylle du Roi-Soleil et de la Duchesse de La Vallière, modèle de galanterie à la française.

LES BÂTARDS DE LOUIS XIV

Le roi est le père de 17 enfants naturels !

Madame de la Vallière lui donne six enfants dont deux seulement parviennent à l'âge adulte et sont légitimés par lettres royales. Madame de Montespan est la mère de huit enfants, dont six légitimés par lettres royales, tous nés entre 1669 et 1737. Quatre seulement atteignent l'âge adulte. Enfin, Louis XIV est le père de trois autres enfants, l'un avec la femme de chambre de Madame de Montespan, l'autre avec la duchesse de Fontanges, le troisième avec une maîtresse inconnue.

Sur cette affiche publicitaire, la citation et le célèbre portrait de LouisXIV en costume de sacre servent à vanter la précision des montres Doxa.

Les deux enfants de Madame de La Vallière, légitimés, et parvenus à l'âge adulte, sont :

- Marie Anne dite Mademoiselle de Blois (1666-1739)
- Louis de Bourbon, comte de Vermandois (1667-1683)

Les huit enfants de la Montespan :

- Le petit comte de Vexin meurt à l'âge de onze ans.
- Mademoiselle de Tours meurt à huit ans.
- Louis Auguste, duc du Maine, épousera Marie Angélique de Bourbon-Condé l'enfant chéri de Madame de Maintenon et du roi.
- Louis César, comte de Vexin, sera abbé de Saint-Denis.
- Louis Alexandre, comte de Toulouse et grand amiral de France, deviendra gouverneur de Bretagne.
- Louise Françoise, Mademoiselle de Nantes, épousera Louis III de Bourbon-Condé, frère de Louise-Bénédicte, prince de Condé.
- Louise Marie Anne, Mademoiselle de Tours.
- Françoise Marie, seconde Mlle de Blois, épousera le duc de Chartres, futur duc d'Orléans et futur Régent.

LE MYSTÈRE DE LA NÉGRESSE DE MORET

La reine de France Marie-Thérèse avait à son service un esclave nain du Dahomey surnommé « Nabo » qui lui plaisait beaucoup. À tel point que sa compagnie suscita une incroyable rumeur à la cour. On raconte que la reine aurait accouché en 1664 d'une petite fille à la peau noire, qui aurait été aussitôt cachée dans un couvent, pendant qu'on faisait croire à la mort du bébé. Des années plus tard, Madame de Maintenon et le Grand Dauphin auraient rendu visite à une mystérieuse religieuse du monastère de Moret-sur-Loing, une bénédictine à la peau noire, surnommée la « négresse de Moret ». Et si cette jeune femme était la fille de Marie-Thérèse et de son esclave Nabo ?

LES BÂTARDS CÉLÈBRES

Guillaume le Conquérant appelé aussi « le Bâtard », car il est le fruit d'une mésalliance entre l'ancien duc Robert le Magnifique et la fille d'un simple tanneur de Falaise, Herlève (Arlette).

Dunois (1402-1468), dit « le Bâtard d'Orléans ».

Les trois filles de Charles VII et d'Agnès Sorel. L'une d'entre elles, Charlotte de France, épouse le comte de Brézé, qui la tue après l'avoir surprise en flagrant délit d'adultère, d'où un scandale retentissant.

Le Bâtard d'Angoulême, fruit d'une union entre le roi Henri II et Lady Flemming, une belle Écossaise. C'est un tueur qui participe férocement aux guerres de Religion et compte parmi les assassins de Coligny.

Maurice de Saxe (1696-1750), maréchal de France, arrière-grand-père de George Sand.

Une dizaine de bâtards de Louis XV, qui ne veut en reconnaître aucun, à l'exception de l'**abbé de Bourbon**, né de ses tardives amours avec Mademoiselle de Romans, et qui meurt jeune. Le roi a un fils de Mademoiselle O'Morphy, le célèbre modèle du peintre Boucher. Celui-ci devient un ardent révolutionnaire, qui aurait fait battre les tambours dont les roulements étouffent la voix de Louis XVI sur l'échafaud.

Charles de Flahaut (1785-1870), fils illégitime de Talleyrand.

Le duc de Morny (1811-1865), fils illégitime d'Hortense de Beauharnais et de Charles de Flahaut.

VERSAILLES L'ÉCRIN DU SOLEIL

LE RAYONNEMENT DE VERSAILLES EN EUROPE

LES ÉTAPES DE LA CONSTRUCTION DU CHÂTEAU DE VERSAILLES (1631-1837)

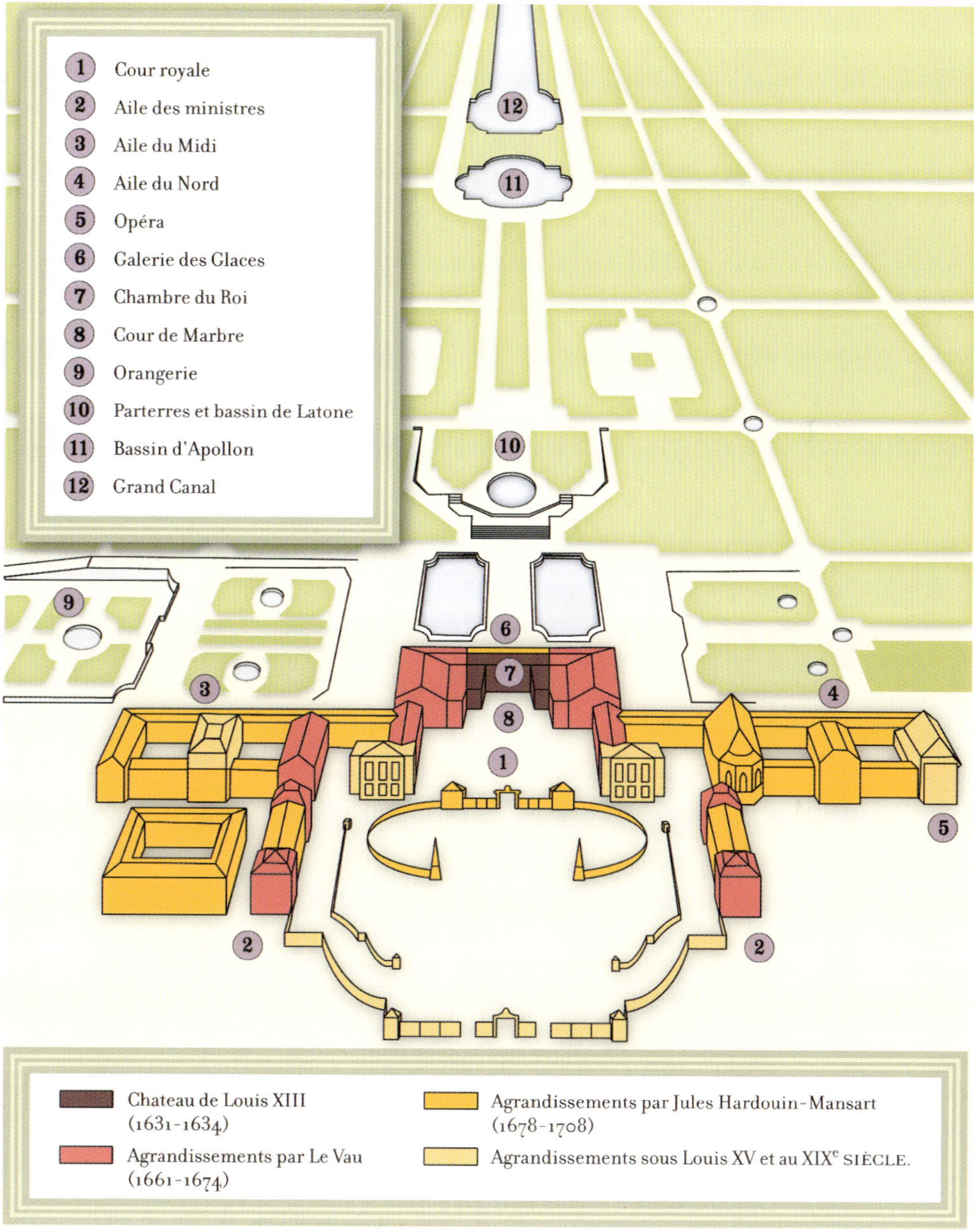

DES GUERRES ET DES RÉVOLTES

LE MOUSQUET (XVIE-XVIIE SIÈCLE)

Première arme à feu portative introduite au XVIe siècle, elle est d'abord utilisée, appuyée sur une fourche. Elle donne naissance aux premières compagnies de mousquetaires, créées par Louis XIII en 1622.

Mousquetaires de Jacques de Gheyn. Gravure sur cuivre, coloriée, extrait du *Traité sur les armes : canons, mousquets et piques*, La Haye, 1607.

L'ARMÉE FRANÇAISE

1494 : Campagne d'Italie, 18 000 combattants français.

1525 : Bataille de Pavie, 32 000 combattants français.

1635 : 100 000 combattants français.

1715 : 400 000 soldats français.

LE NOMBRE DE MORTS LORS DES GUERRES

Guerre de Trente Ans (1618-1648) : 2 071 000

Guerre de Hollande (1672-1678) : 342 000

Guerre de la Ligue d'Augsbourg (1688-1697) : 680 000

Guerre de succession d'Espagne (1701-1713) : 1 251 000

Guerre de Sept Ans (1755-1763) : 992 000

Guerre de la Révolution française (1792-1802) : 663 000

Guerres napoléoniennes (1803-1815) : 1 869 000

D'après Ch. Tilly, *Coercition, Capital and european States*, Cambridge, 1990, cité *in L'Histoire* n° 267, juillet-août 2002.

PAGE DE DROITE
Le maniement de l'arquebuse (au centre du document) suppose discipline et habileté. L'arquebusier tient dans sa main gauche la mèche allumée et le fourquin sur lequel l'arme peut être appuyée.

« VIVE LE ROI SANS LA GABELLE ! »

Sous Louis XIV, loin d'être soumis, le peuple est toujours prêt à s'enflammer. L'augmentation de la pression fiscale due aux guerres fait régulièrement éclater cette hypersensibilité. Tout commence par une « émotion », une rumeur sur un marché, la nouvelle que l'on va accaparer les grains ou l'annonce d'un nouvel impôt. Un frémissement agite les communautés villageoises. Si c'est un jour de marché, l'émoi provoque un rassemblement. La situation peut très vite tourner à l'émeute. La foule menace, exige ; des fourches, des piques sont brandies ; on réclame justice, on crie « vive le roi sans la gabelle ! ». Ce mot d'ordre traduit le mythe récurrent du bon roi qui ignore les exactions de ses officiers. Si les émeutiers sont rejoints par d'autres communautés villageoises, on a à faire à un véritable soulèvement réunissant parfois jusqu'à 10 000 révoltés. Les premiers boucs émissaires sont les personnes chargées du recouvrement de la taille : les huissiers et leurs commis, les sergents. Ces agents du roi sont mis à mort. Les villageois font alors sonner le tocsin. Ils cherchent l'appui du prêtre ou du plus proche nobliau et décident de se réunir en assemblée. Les révoltés peuvent tenir le terrain, des semaines, des mois parfois.

DES RÉVOLTES POPULAIRES

Les soulèvements les plus fréquents ont lieu dans le grand Ouest, souvent dans les campagnes, quelquefois dans les villes. C'est le cas à Bordeaux en 1675, lorsqu'est créée une taxe sur le papier timbré, qui touche tous les documents officiels. En 1675, le pouvoir royal réprime vigoureusement la révolte du papier timbré. Le duc de Chaulnes, gouverneur de Bretagne, fait incendier les villages, organise des pendaisons massives le long des chemins et condamne les rescapés aux galères à vie. La répression est terrible. Après 1675, dans un royaume mieux surveillé par les intendants, les soulèvements sont plus sporadiques. Excepté la révolte des « Tard-Avisés » du Quercy, en 1707, il n'y a plus de grande révolte antifiscale. Désormais on ne discute pas, il n'est plus question de laisser impunie la moindre rébellion, les révoltes matées par l'armée finissent dans le sang. Louis XIV aura su imposer au peuple la normalité de l'impôt.

LE SIÈCLE DES LUMIÈRES

LES PLUS GRANDES VILLES FRANÇAISES AU DÉBUT DU XVIIIE SIÈCLE

Paris	510 000 habitants
Lyon	97 000 habitants
Marseille	75 000 habitants
Rouen	64 000 habitants
Lille	55 000 habitants
Bordeaux	50 000 habitants
Nantes	42 000 habitants
Toulouse	38 000 habitants
Amiens	30 000 habitants
Orléans	30 000 habitants

LES PLUS GRANDES VILLES FRANÇAISES À LA FIN DU XVIIIE SIÈCLE

Paris	650 000 habitants
Lyon	152 000 habitants
Bordeaux	109 000 habitants
Marseille	109 000 habitants
Rouen	83 000 habitants
Lille	69 000 habitants
Nantes	59 000 habitants
Toulouse	54 000 habitants
Nîmes	49 000 habitants
Strasbourg	45 000 habitants

LES TEMPS DE TRANSPORTS ENTRE PARIS ET LA PROVINCE

TRAJET	NOMBRE DE JOURS NÉCESSAIRES **EN 1765**	NOMBRE DE JOURS NÉCESSAIRES **EN 1780**
Paris-Marseille	12 jours	8 jours
Paris-Bordeaux	13 jours	5 jours
Paris-Caen	5 jours	2 jours
Paris-Rennes	8 jours	3 jours
Paris-Nantes	8 jours	5 jours
Paris-Strasbourg	11 jours	5 jours
Paris-Toulouse	15 jours	7 jours

D'après les cartes de G. Arbellot, *Annales ESC*, 1970.

COIFFURE TOUJOURS PLUS HAUTE !

Les dames du XVIIIe siècle, notamment la reine Marie-Antoinette, se parent de coiffures étonnantes. Ce sont des pyramides toujours plus sophistiquées, toujours plus hautes, décorées de fruits, de fleurs et de plumes, aux noms très élégants : « Frégate », « Grandes Prétentions », « Noble Simplicité »... Lors des transports en voiture, ces dames doivent se mettre à genoux pour faire entrer leur coiffure. Lorsqu'elles sont au théâtre, les spectateurs situés derrière elles ne peuvent rien voir de la scène. Il n'est pas rare que ces coiffures prennent feu, lors des bals, en touchant un lustre...

LA SOCIÉTÉ FRANÇAISE AVANT 1789

BUDGET DE L'ÉTAT FRANÇAIS EN 1788

DÉPENSES : 633 100 000 LIVRES

Remboursement de la dette : 41,2 %
Marine, guerre et diplomatie : 27,4 %
Cour, salaires et pensions : 14,2 %
Autres : 17,2 %

RECETTES : 471 600 000 LIVRES

Impôts indirects : 46, 5 %
Impôts directs : 34,5 %
Autres : 19 %

LA POMME DE TERRE

Jeune pharmacien militaire, Parmentier avait remarqué les qualités nutritives de ce légume, rapporté par les Espagnols d'Amérique du Sud au XVIIIe siècle. Depuis 1763, il a entrepris une campagne d'information pour diffuser sa culture en France, sans grand succès. Il publie un ouvrage remarquable sur ce sujet et en profite pour offrir quelques tiges fleuries au roi Louis XVI. C'est ainsi qu'il obtient la permission de cultiver le fameux tubercule sur deux hectares dans la plaine Neuilly, qu'il fait garder par des soldats. La rumeur se répand aussitôt que si l'armée est là pour en interdire l'accès, c'est que ce qui y pousse a quelque chose de précieux. Rapidement, les paysans du coin volent quelques patates et permettent ainsi leur diffusion dans tout le royaume.

PARISIENS ASSOIFFÉS

Dans les années 1780, un Parisien consomme par an :

121,76 litres de vin
8,96 litres de bière
2,3 litres de cidre

GARE AUX RONGEURS !

L'écrivain Louis Sébastien Mercier (1740-1814) est l'un des meilleurs chroniqueurs de Paris, cette capitale grouillante… de rats !

« La quantité de rats qui sont dans Paris […] surpasse l'imagination. Cachés pendant l'hiver le long des quais dans des piles de bois, ils descendent en été au bord de la rivière : là, ils sont d'une grosseur démesurée […]. En vain un grand homme se promène dans les rues avec une longue perche garnie de rats morts que le poison a gonflés ; le remède est pire que le mal. L'arsenic ou la mort-aux-rats indiscrètement répandus dans des caves presque banales occasionne trop d'accidents […]. Aussi tandis que le bas des maisons est habité par une espèce rongeante, les toits regorgent de chats et de chattes, qui, par leurs miaulements, interrompent votre sommeil. Quelquefois dans le jour, au milieu de leurs ébats amoureux, ils tombent dans les cours, et vous recevez sur le dos un matou vaincu que son fort et heureux rival a précipité d'une gouttière. »

L. S.Mercier (1740-1814), *Tableau de Paris*, Robert Laffont, collection « Bouquins », 1990.

PARIS, UNE VILLE DANGEREUSE !

L'agriculteur et écrivain anglais Arthur Young effectue trois voyages en France entre 1787 et 1789. De ses séjours, il tire de précieuses observations sur le cadre de vie des Français.

« Les rues sont étroites, et nombre d'entre elles très encombrées ; les neuf dixièmes sont boueuses, et toutes dépourvues de trottoirs. La promenade qui, à Londres, est si agréable et si propre que les dames peuvent s'y livrer chaque jour, est ici un travail et une fatigue même pour un homme, et une activité impensable pour une femme correctement vêtue. Les voitures sont nombreuses et le pire est qu'il y a un nombre infini de cabriolets à un seul cheval, conduits par des jeunes gens à la mode, ou par des imitateurs aussi fous qu'eux, à une telle vitesse qu'ils sont un grave danger et rendent les rues extrêmement périlleuses, à moins d'être sans cesse sur le qui-vive. J'ai vu un pauvre enfant écrasé, et j'ai moi-même été maintes fois aspergé de la boue du ruisseau. Cette mode absurde de conduire de pareilles cages à poule dans les rues d'une grande capitale vient, soit de la pauvreté, soit d'un misérable esprit d'économie ; on ne saurait la condamner trop sévèrement.»

A. Young, *Voyages en France*, Christian Bourgois éditeur, coll. 10/18, 1970.

LA FICHE DE POLICE DE DIDEROT

Cette fiche d'auteur a été dressée entre 1748 et 1753, par le commissaire de Rochebrune, chargé de la police du livre, et par l'inspecteur d'Hemery.

« Nom : Diderot, auteur, 1er janvier 1748
Age : 36 ans
Pays : Langres
Signalement : moyenne taille et la physionomie assez décente.
Demeure : place de l'Estrapade chez un tapissier.
Histoire : il est le fils d'un coutelier de Langres.
C'est un garçon plein d'esprit mais extrêmement dangereux […]. Le 9 juin 1749, il a donné un livre intitulé *Lettres sur les aveugles à l'usage de ceux qui voient*. Le 24 juillet, il a été arrêté et conduit à Vincennes à ce sujet. Il est marié et a eu cependant madame de Puysieux pour maîtresse pendant assez de temps. […] Auteur de livres contre la religion et les bonnes mœurs. […] Entré au donjon de Vincennes le 24 juillet 1749, mis en liberté du donjon et a eu le château pour prison par ordre du 21 août suivant. Sorti le 3 novembre, même année. C'est un jeune homme qui fait le bel esprit et se fait trophée d'impiété, très dangereux. »

R. Darnton, « Les Encyclopédistes et la police »,
Recherches sur Diderot et sur l'Encyclopédie, n° 1, octobre 1986.

LA GRANDE MODE DU MAGNÉTISME

Le médecin allemand Antoine Mesmer (1733-1815) a fasciné ses contemporains avec sa théorie du magnétisme animal. Il pensait que les êtres et les choses étaient reliés par un fluide physique qui, s'il était bien canalisé et diffusé, pouvait guérir certaines maladies. Ces expériences vont lancer dans les salons une véritable mode du magnétisme, avec ses adeptes, comme le marquis de Puységur, connu pour ses expériences de transes somnambuliques.

« À onze heures, il y avait une séance de magnétisme chez Mme la duchesse de Bourbon. MM. de Puységur devaient y amener plusieurs somnambules et les endormir. De l'aveu même du Dr Mesmer, le marquis de Puységur est plus habile que lui. Après avoir endormi les malades et les avoir jetés dans un somnambulisme complet, il les fait obéir à sa volonté, à ses gestes et au mouvement de la baguette, M. de Chastenay-Puységur, son frère, qui […] sert dans la Marine, a le même succès, tellement qu'on le regarde comme un personnage surnaturel. »

H. L. de Waldner, baronne d'Oberkirch (1754-1803), *Mémoires sur la cour de Louis XVI et la société française avant 1789*, présenté par S. Burkhard, nouvelle édition Mercure de France, « Le temps retrouvé », 1989

LES TRAITES NÉGRIÈRES, LA TRAITE EUROPÉENNE

SIÈCLE	NOMBRE D'AFRICAINS DÉPLACÉS EN AMÉRIQUE
XVIe siècle	650 000
XVIIe siècle	1 400 000
XVIIIe siècle	5 800 000
Première moitié du XIXe siècle	2 700 000
Total	**10 550 000**

La mortalité moyenne des esclaves pendant le voyage : 12 % jusqu'au milieu du XVIIIe siècle.

LES TRAITES INTERNES À L'AFRIQUE

14 millions de personnes déportées. La traite persiste encore en 2009, notamment au Soudan.

LA TRAITE MUSULMANE

Plus de 17 millions de personnes sont déportés entre le milieu du VIIe siècle et 1920.

La mortalité moyenne des esclaves pendant la traversée du Sahara : 20 %

La mortalité moyenne des esclaves dans les plantations de Zanzibar : 25 % par an

OÙ EST « L'ATELIER DU MONDE » AU MILIEU DU XVIIIE SIÈCLE ?

	POPULATION	PART DE LA PRODUCTION MANUFACTURIÈRE MONDIALE
Chine	207 millions	32,8 %
Europe	140 millions	23,2 %

PAGE DE DROITE
Cette carte postée à Tanger en 1908 témoigne d'abord de l'ampleur de la traite musulmane qui s'étend jusqu'au sultanat du Maroc. Ce territoire reste encore, en ce début de XXe siècle, l'un des débouchés des grands circuits d'esclavage, entre l'Afrique occidentale et le Maghreb. Mais il subit aussi les influences croisées des États colonisateurs européens, notamment la France et l'Allemagne. Le commentaire traduit quant à lui le racisme ordinaire de bon nombre de Français de cette époque.

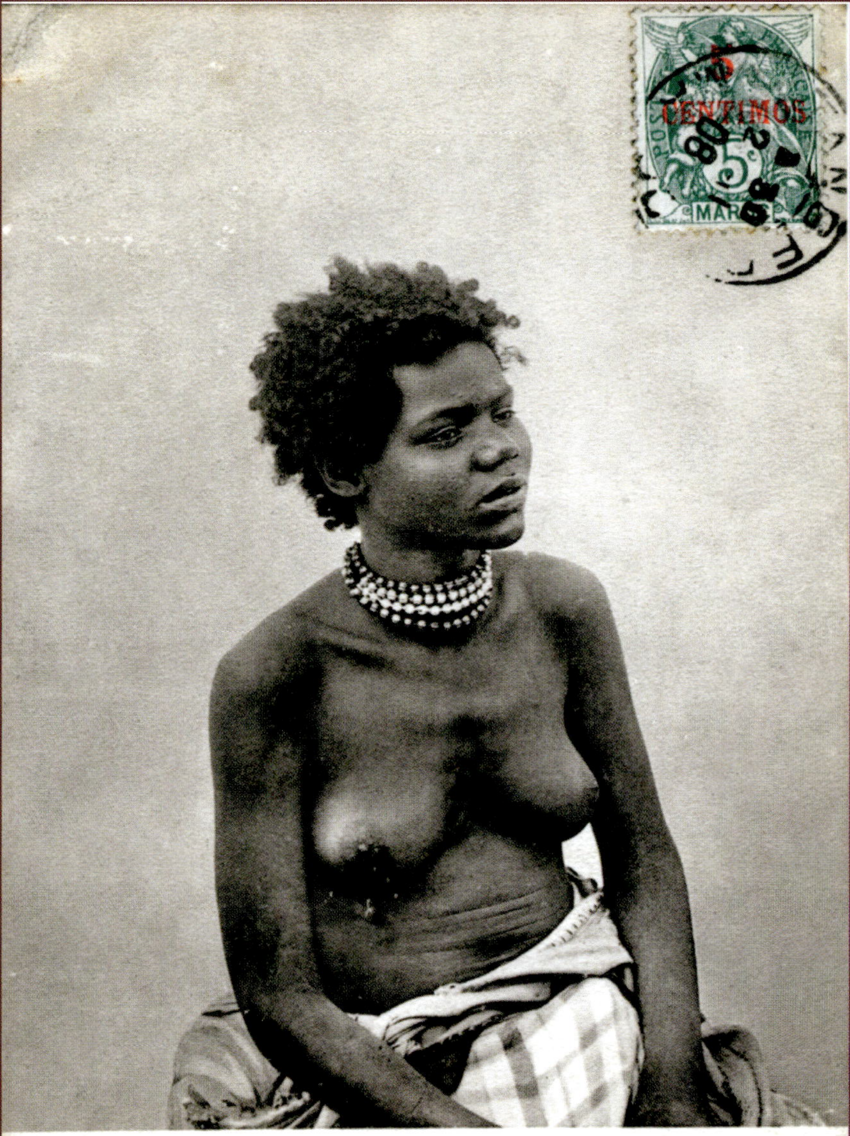

TANGER — Jeune esclave arabe

Une belle blonde

Louis

Réalisé en 1937, ce film de Clarence Brown évoque l'une des grandes passions amoureuses de Napoléon, la Polonaise Maria Walewska (1786-1817), incarnée à l'écran par la sublime Greta Garbo.

L'ÉPOQUE CONTEMPORAINE XIXe SIÈCLE

LA FRANCE EN RÉVOLUTION

LA PRISE DE LA BASTILLE...

Symbole de l'arbitraire royal, la Bastille servait de prison d'État et de dépôt de munition. Le 14 juillet 1789, les Parisiens assiègent cette forteresse, défendue par une faible garnison formée de 32 gardes suisses et de 82 soldats invalides, pour l'essentiel des vieux soldats et des blessés de guerre chargés de garder les prisons. Des coups de feu sont tirés de la forteresse par les gardes suisses. Aussitôt, les insurgés défoncent les portes de la forteresse et pénètrent dans la cour intérieure. Ils sont étonnés de ne trouver dans les geôles que sept détenus : un noble débauché, interné à la demande de sa famille, quatre faussaires et deux fous dont l'un qui dit s'appeler le « major de l'immensité », et qui demande à ses libérateurs comment se porte Louis XV, pourtant mort depuis 1774 !

LA LOTERIE

La toute première loterie autorisée par le roi de France remonte à 1539. Au cours des XVIIe et XVIIIe siècles, plusieurs loteries se font concurrence. Certaines permettent le financement de monuments, notamment d'églises. En 1776, Louis XVI les interdit toutes, sauf une, la loterie de l'École militaire qu'il transforme en loterie royale. Les gros lots distribués aux gagnants sont particulièrement importants, en moyenne 150 000 livres par an. « Le tirage de la Loterie Royale de France s'est fait le 16 de ce mois : les numéros sortis sont : 11, 12, 72, 48 et 82. Le prochain tirage se fera le 1er août. »

Journal général de France, du samedi 18 juillet 1789.

PERDRE LA TÊTE À LA BASTILLE

Gouverneur de la Bastille, le marquis de Launay sombre dans un accès de quasi-folie, lors de la prise de la forteresse. Ce 14 juillet 1789, vers 16 heures, il n'hésite pas à faire tirer sur les parlementaires venus en délégation pour négocier avec lui. Il ordonne même à la garnison de faire sauter la Bastille, avant finalement de se rendre aux insurgés, vers 17 heures. Arrêté, il sera lynché et décapité par la foule, sur la place de l'Hôtel-de-ville. Comme le dira le journaliste royaliste Antoine Rivarol, « Launay perdit la tête avant qu'on la lui coupât ».

LES SYMBOLES DE LA RÉVOLUTION FRANÇAISE

LA MARSEILLAISE

Créé à Strasbourg, dans la nuit du 25 au 26 avril 1792, par le capitaine français Rouget de Lisle pour galvaniser les soldats français dans la guerre qui les opposait aux Autrichiens, cet hymne s'appelait à l'origine *Le Chant de guerre pour l'armée du Rhin*. Il doit son titre définitif aux volontaires marseillais qui l'ont chanté le 30 juillet 1792 à leur arrivée à Paris. Chant national en 1795, *La Marseillaise* devient l'hymne de la République française en 1879.

MARIANNE

Plusieurs hypothèses sont avancées pour expliquer l'origine de cette allégorie de la République française. Un chant occitan, *La Garisou de Marianno*, « La Guérison de Marianne », pourrait l'avoir inspirée. Selon une autre hypothèse, ce nom aurait été choisi en 1797 par Barras, membre du Directoire, en hommage à sa femme, Marie-Anne Reubell. Il faudra attendre 1848 pour que Marianne devienne officiellement le symbole de la République.

Dans les mairies ou sur la couverture de magazines, Marianne est l'indémodable allégorie de la République française.

LIBERTÉ, ÉGALITÉ, FRATERNITÉ

La devise de la République française a été forgée progressivement au cours de la Révolution. D'abord prononcée en 1790 et 1791 par les révolutionnaires Camille Desmoulins, Robespierre et Antoine-François Momoro, elle est inscrite sur un mur de Paris le 21 juin 1793 sous la forme suivante : « Liberté, égalité, fraternité ou la mort. » Elle ne deviendra la devise de la République française qu'en 1879.

LE DRAPEAU FRANÇAIS

C'est en s'inspirant du drapeau des États-Unis d'Amérique que La Fayette crée, le 17 juillet 1789, une cocarde tricolore combinant la couleur du roi (le blanc) à celles de Paris (le bleu et le rouge). Elle est alors le symbole de la monarchie constitutionnelle. Cinq ans plus tard, elle devient l'emblème de la République. Après avoir été interdite en 1814 puis rétablie en 1830, elle est définitivement adoptée en 1848.

LA FRANCE REDÉCOUPÉE

Président de l'Assemblée nationale constituante, Jean-Guillaume Thouret avait proposé le 29 septembre 1789 un découpage de la France en 81 départements de forme carrée et de même taille (324 lieues carrées), chacun divisé en neuf communes ou districts, eux-mêmes subdivisés en neuf cantons. La superficie de chaque département était déterminée par un principe simple : la possibilité pour ses habitants de se rendre au chef-lieu de leur département en une journée de voyage à cheval. Finalement, ce découpage strictement géométrique ne sera pas adopté, mais 83 départements n'en seront pas moins institués entre le 26 février et le 4 mars 1790.

Découpage de la France de septembre 1789.

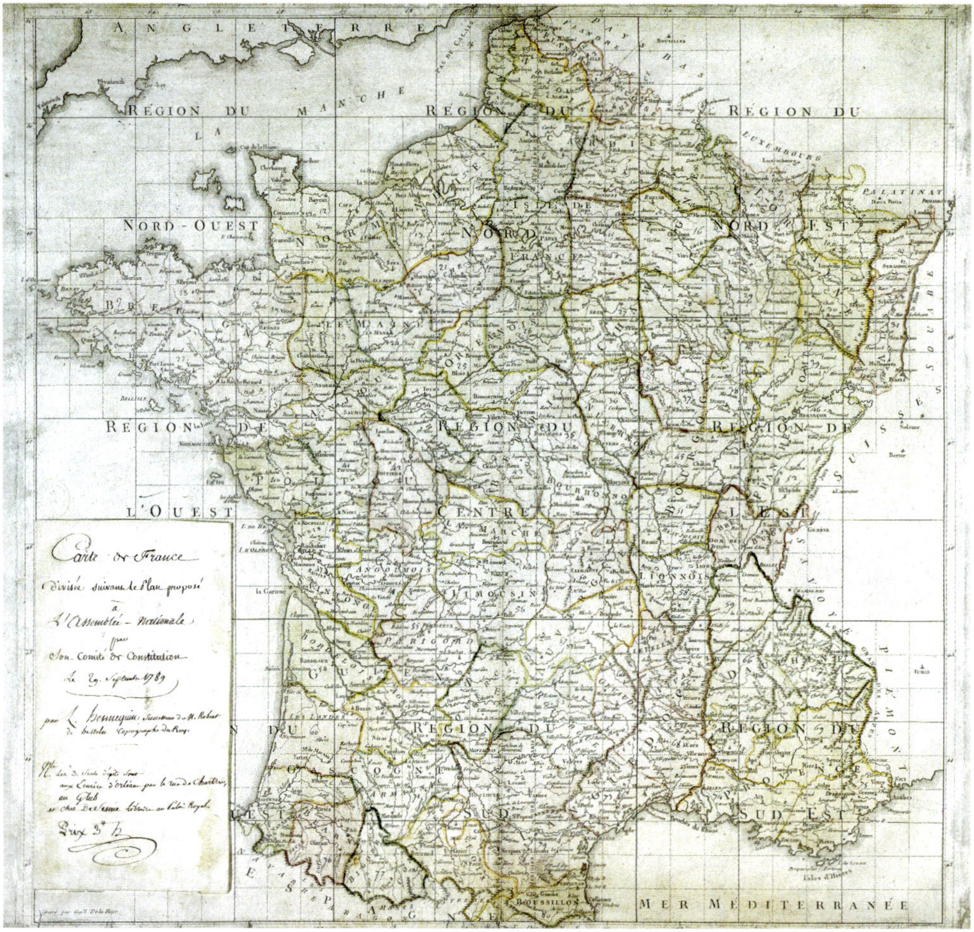

LE CALENDRIER RÉVOLUTIONNAIRE

Le 22 septembre 1792, au lendemain de la proclamation de la République, la Convention nationale décrète que « tous les actes publics sont désormais datés à partir de l'an I de la République ». Pour inscrire la Révolution dans le temps vécu, un nouveau calendrier est adopté par décret le 5 octobre 1793. Élaboré selon un système décimal, il comprend 12 mois de 30 jours, regroupés en 3 décadis (semaines de 10 jours), et 5 jours supplémentaires (6 pour les années sextiles). Conformément au projet proposé par Fabre d'Églantine, Chénier et David, les mois portent des noms inspirés de l'agriculture ou du climat, sans aucune référence au temps chrétien. Ce calendrier révolutionnaire sera aboli par Napoléon en 1806.

Les mois

Vendémiaire (22 septembre au 21 octobre)
Brumaire (22 octobre au 20 novembre)
Frimaire (21 novembre au 20 décembre)
Nivôse (21 décembre au 19 janvier)
Pluviôse (20 janvier au 18 février)
Ventôse (19 février au 20 mars)
Germinal (21 mars au 19 avril)
Floréal (20 avril au 19 mai)
Prairial (20 mai au 18 juin)
Messidor (19 juin au 18 juillet)
Thermidor (19 juillet au 17 août)
Fructidor (18 août au 16 septembre)

Les jours de la décade

Primidi, Duodi, Tridi, Quartidi, Quintidi, Sextidi, Septidi, Octidi, Nonidi, Décadi

À ces jours, il faut ajouter cinq ou six jours (pour les années sextiles) supplémentaires : les sans-culottides

Le jour de la vertu (17 septembre)
Le jour du génie (18 septembre)
Le jour du travail (19 septembre)
Le jour de l'opinion (20 septembre)
Le jour des récompenses (21 septembre)
Le jour de la révolution

DE NOUVELLES MESURES

Sous l'Ancien Régime, les systèmes de poids et mesures varient selon les provinces. On ne compte ainsi pas moins de 18 sortes d'aunes dans la France du Nord. Il faut donc s'appuyer sur des « tables des rapports » pour convertir les différentes mesures. Ainsi un setier de Paris (156,10 litres) équivaut à 4 setiers d'Amiens et 1 tonneau d'Audierne vaut 10 setiers de Paris. Une commission de l'Académie des sciences, formée de prestigieux savants (Laplace, Monge, Borda ou Lagrange) est réunie, dès mai 1790, pour constituer un système unifié de poids et mesures. Le 1er août 1793, la Convention adopte le mètre, qui équivaut à la dix millionième partie du quart du méridien terrestre, ainsi que le système décimal. Le décret du 7 avril 1795 prévoit la fabrication du mètre étalon en platine, et impose les nouvelles unités de mesure (stère, litre, gramme…) comme les seules pouvant être utilisées sur le territoire de la République.

VARIÉTÉS

« Les protestants d'Alais, estimables voisins de ceux de Nîmes, le 14 juillet, ivres de patriotisme, ont égorgé deux hommes et une femme qu'ils avaient jetés dans un cachot. C'est ainsi qu'ils ont sanctifié la journée de la Fédération. À Bordeaux, on a suivi la même formule, mais on a de plus violé la fille d'un vieillard respectable, qu'on a eu soin de piller auparavant, afin de n'avoir rien à regretter en sortant de chez lui. »

Journal royaliste, samedi 28 juillet, 1792, n°22

PUBLICITÉ

« Portraits de Voltaire, J.-J. Rousseau, Mably, Montaigne, Charles Linné et Honoré-Gabriel Mirabeau, de neuf pouces, sur sept trois quarts, et de forme ovale, gravés au lavis en couleur, par P.-M. Alix, prix 6 livres pièce. À Paris chez le citoyen Drouhin, éditeur des Antiquités nationales et du *Journal des sciences, des lettres et des arts*, rue Christine, n°2. Ceux de Fénelon et de Buffon paraîtront bientôt, ainsi que celui d'Helvétius. Ces gravures sont faites avec beaucoup de soin et de goût. »

Journal des débats et de la correspondance de la société des Jacobins amis de l'égalité et de la Liberté séante aux Jacobins, à Paris, n°325, 25 décembre 1792.

« FOUTRE ! »

Le Père Duchesne est un personnage de fiction très populaire dans les théâtres de foire parisiens avant la Révolution. Il donne lieu à diverses publications révolutionnaires ou réactionnaires. Mais c'est le journaliste Jacques-René Hébert qui va lui assurer sa célébrité, grâce à la série de pamphlets de huit pages intitulés **« La Grande colère du Père Duchesne »**, *qu'il va publier entre 1790 et 1794. Le succès est important : 50 000 exemplaires vendus et 12 000 abonnements en 1793.*

« JE SUIS LE VÉRITABLE PÈRE DUCHESNE, FOUTRE ! »

« Contre les marchands [...] qui accaparent comme de plus belle, toutes les denrées ; contre les épiciers qui volent à la journée les pauvres sans-culottes ; contre les marchands de vin qui les empoisonnent plus que jamais avec leur bougre mélange [...] ; contre les cordonniers qui n'ont plus de cuir pour chausser les sans-culottes, mais qui ne manquent pas de carton pour fabriquer les souliers de nos braves défenseurs. Sa grande joie de voir que, petit à petit, la vertu de sainte Guillotine nous délivrera de tous ces mangeurs de chair humaine. »

Le Père Duchesne, n° 341, 1794.

ORIGINE SOCIALE DES DÉCAPITÉS SOUS LA TERREUR (1793)

Paysans : 28 %
Artisans : 31 %
Nobles : 8, 5 %...
Bourgeois : 25 %
Prêtres : 6,5 %
Origine sociale inconnue : 1 %

Contrairement à une idée reçue, la Terreur s'est d'abord exercée contre le tiers état, les nobles étant beaucoup moins nombreux. Par ailleurs, ces statistiques prennent en compte les paysans et artisans vendéens exécutés par les armées de la République.

En 1790, le docteur Joseph-Ignace Guillotin (1738-1814) propose un moyen d'exécution égalitaire et moins douloureux. Il fait réaliser par le chirurgien Antoine Louis et le fabricant de harpes allemand, Tobias Schmitt, une machine formée de deux montants de bois, d'une corde, d'un poids pour lester la lame, d'un couperet, d'une manette pour actionner la corde et d'une bassine de zinc pour recevoir la tête tranchée. La « guillotine » est testée le 25 avril 1792.

55 Musée Carnavalet. – *Modèle de Guillotine. (Epoque de la Révolution).*

LES PREMIERS PATINS À ROULETTES

Maximiliaan Lodewijk Van Lede, sculpteur néerlandais vivant en France, met au point en 1789, les tout premiers patins à roulettes de l'histoire. Cette gravure représente un Suisse, lors d'une démonstration organisée aux Pays-Bas, en 1790.

LES RAISINS DE LA VICTOIRE

Le 20 septembre 1792, les Français affrontent les Prussiens, à Valmy en Champagne. Après plusieurs heures de combat, les Prussiens n'ont bientôt plus rien à manger. Tenaillés par la faim, ils se jettent alors dans les vignobles et dévorent à pleines dents les grappes de raisins. Quelques heures plus tard, ils sont obligés de reculer. Trop forts, les Français ? Non, les Prussiens sont en fait trop malades pour se battre. Ils souffrent tous d'une terrible diarrhée ! Ils n'ont pas supporté les raisins trop mûrs de Champagne !

L'EMPIRE DE NAPOLÉON

QUEL SYMBOLE POUR LE PREMIER EMPIRE ?

Quel animal servira d'emblème impérial ? Certains conseillers de l'Empereur préfèrent l'éléphant, qui évoque la puissance et la noblesse. Cambacérès penche pour l'abeille d'or utilisée par Clovis. D'autres sont favorables au coq, emblème de la Gaule antique. Napoléon juge que cet animal de basse-cour est ri-di-cule ! Finalement, l'Empereur choisit un « aigle déployé », symbole de la Rome impériale et il retient aussi l'abeille d'or pour les documents officiels.

LE POULET MARENGO

Juste après la victoire de Marengo, le 14 juin 1800, Dunand, le cuisinier de Napoléon, envoie chercher tout ce que l'on peut trouver dans les jardins aux alentours pour composer un plat qui a tout pour être fameux…

Dépecez six poulets gras.
Faites-les revenir avec six onces
d'huile fine, un bouquet garni,
une pointe d'ail écrasé,
une légère pincée de mignonnette.
Faites cuire 20 minutes
et ajoutez deux maniveaux
de champignons tournés,
c'est-à-dire
taillés en spirales, et cuits,
une pointe de jus de citron.
Dressez, saucez avec la garniture
et dressez autour 12 croûtons
de pain passé au beurre
et de belle couleur.
Bon appétit !

ANNONCE OFFICIELLE

Le nouveau franc germinal pèse 5 grammes d'argent (1803). De nouvelles pièces seront mises en circulation : pièces d'argent de 50 et 25 centimes, pièces d'or de 20 francs.

LA LÉGION D'HONNEUR

De sa création, en 1802, jusqu'à la première abdication de Napoléon de 1814, ce sont les militaires, à une majorité écrasante, qui se la verront épingler sur leur uniforme : sur 48 000 légionnaires, on compte à peine 1 500 civils. À cette époque, elle rapportait à celui qui la portait un traitement important de 250 francs. Il était égal à la solde d'un chef d'escadron. Cela donnait la possibilité de tenir un certain rang. Aujourd'hui, la dotation est principalement honorifique (6 euros par an).

QUAND PORTE-T-ON LE RUBAN ?

En 1804 et jusqu'au milieu de la Restauration, on porte la Légion d'honneur pendante en dehors des circonstances officielles, d'abord sous la forme d'un rectangle rouge ou d'un flot de rubans. Ensuite, on fabrique des petits nœuds. Sur la tenue civile, la rosette est portée indifféremment par tous ceux qui ont dépassé le grade de chevalier. Elle s'accompagne d'un demi-nœud – le canapé – en argent pour les commandeurs, en argent et en or pour les grands officiers, ou tout en or pour les grands-croix.

La Légion d'honneur doit récompenser les militaires et les civils qui *« par leur savoir, leurs talents, leurs vertus, ont contribué à l'établissement ou à défendre les principes de la République, ou fait aimer la justice ou l'administration publique ».*

Cette photographie du XXe siècle évoque, non sans malice, l'époque glorieuse où la Légion d'honneur pouvait être remise au plus simple grognard.

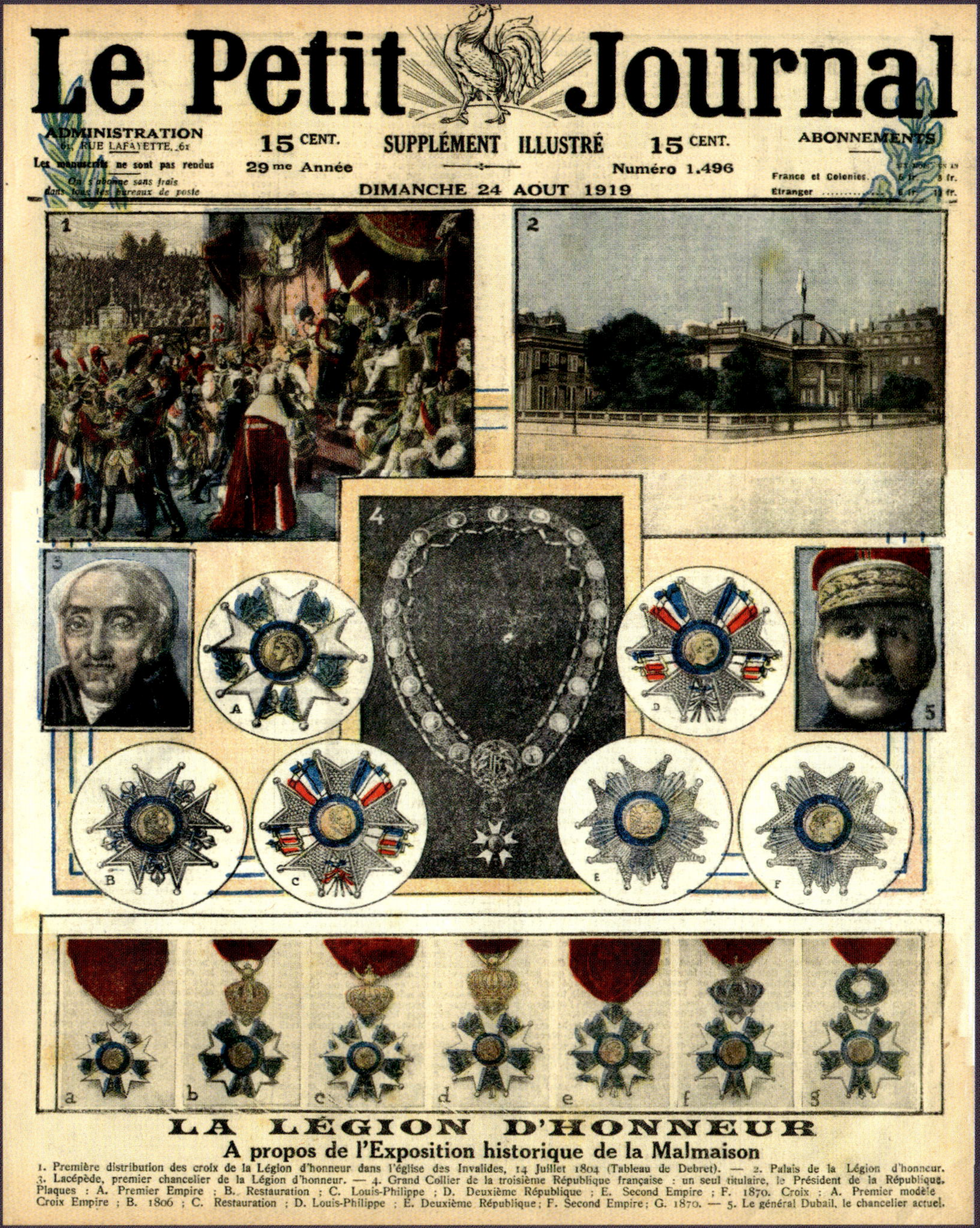

Le Petit Journal

ADMINISTRATION
61, RUE LAFAYETTE, 61
Les manuscrits ne sont pas rendus
On s'abonne sans frais dans tous les bureaux de poste

15 CENT. SUPPLÉMENT ILLUSTRÉ 15 CENT.
29me Année Numéro 1.496
DIMANCHE 24 AOUT 1919

ABONNEMENTS
France et Colonies
Etranger

1 2 3 4 5
A B C D E F
a b c d e f g

LA LÉGION D'HONNEUR

A propos de l'Exposition historique de la Malmaison

1. Première distribution des croix de la Légion d'honneur dans l'église des Invalides, 14 Juillet 1804 (Tableau de Debret). — 2. Palais de la Légion d'honneur. 3. Lacépède, premier chancelier de la Légion d'honneur. — 4. Grand Collier de la troisième République française : un seul titulaire, le Président de la République. Plaques : A. Premier Empire ; B. Restauration ; C. Louis-Philippe ; D. Deuxième République ; E. Second Empire ; F. 1870. Croix : A. Premier modèle Croix Empire ; B. 1806 ; C. Restauration ; D. Louis-Philippe ; E. Deuxième République ; F. Second Empire ; G. 1870. — 5. Le général Dubail, le chancelier actuel.

À l'occasion de l'Exposition historique de La Malmaison, *Le Petit Journal* du 24 août 1919 célèbre l'histoire de la Légion d'honneur, depuis sa création en 1802.

QUELQUES CITATIONS DE NAPOLÉON

SUR LE POUVOIR

« Ma maîtresse, c'est le pouvoir.
J'ai trop fait sa conquête pour me la laisser ravir, ou souffrir même qu'on la convoite. [...]
Oui, j'aime le pouvoir, moi ; mais c'est en artiste que je l'aime...
Je l'aime comme un musicien aime son violon, pour en tirer des sons, des accords. »

« Gouverner par un parti, c'est se mettre tôt ou tard dans sa dépendance.
On ne m'y prendra pas. Je suis national. »

« L'Empire, comme je le comprenais, n'était que le principe républicain régularisé. »

SUR LE CODE CIVIL

« Ma gloire n'est pas d'avoir gagné 40 batailles...
Ce que rien n'effacera, ce qui vivra éternellement, c'est mon Code civil,
ce sont les procès-verbaux du Conseil d'État. »

SUR LES FRANÇAIS

« Je veux que le fils d'un cultivateur puisse se dire :
« Je serai un jour cardinal, maréchal de France ou ministre. »

« Que m'importe l'opinion des salons et des caillettes ! Je ne l'écoute pas.
Je n'en connais qu'une, c'est celle des gros paysans. »

« Impossible n'est pas français. »
En fait, Napoléon écrivit, en réponse au général Lemarois le 9 juillet 1813 :
« Ce n'est pas possible, m'écrivez-vous ; cela n'est pas français. »

« Je n'ai qu'une passion, qu'une maîtresse, c'est la France ;
je couche avec elle, elle ne m'a jamais manqué, elle me prodigue son sang, ses trésors;
si j'ai besoin de 500 000 hommes, elle me les donne. »

« Les hommes qui me reprochent de n'avoir pas donné assez de liberté aux Français
sont de mauvaise foi ou ne savent pas qu'en 1804,
quand j'ai mis la couronne sur ma tête, 96 Français sur 100 ne savaient pas lire,
et ne connaissaient de la liberté que le délire de 1793. »

Citation attribuée à Napoléon par Roederer en février 1809.

SUR LE TALENT

« Je ne connais d'autres titres que ceux qui sont personnels ;
malheur à ceux qui n'ont point de ceux-là !
Les hommes qui m'entourent ont acquis les leurs au champ d'honneur ;
ils ont donné des preuves de leur intelligence et de leur talent.
C'est dans l'esprit que se trouve la vraie noblesse [...]. »

« Moi, j'ai tiré la plupart de mes généraux de la boue.
Partout où j'ai trouvé le talent et le courage, je l'ai élevé et mis à sa place.
Mon principe est de tenir la carrière ouverte aux talents.
Il est vrai que j'ai élevé quelques hommes par esprit d'égalité.
Mais on a beau dire, je n'ai jamais eu grande confiance en eux. »

« Les hommes de génie sont des météores destinés à brûler pour éclairer leur siècle. »

SUR LA GUERRE ET LA PAIX

« L'art de la guerre est un art simple
et tout d'exécution.
Tout y est bon sens, rien n'y est idéologie. »

À Gourgaud en 1816.

« Je sais, quand il le faut, quitter la peau du
lion pour prendre celle du renard. »

Cité par Talleyrand dans ses *Mémoires*.

**« Pourquoi ne m'est-il pas permis
de pleurer ? »**

*Phrase prononcée à l'annonce de la mort
de Desaix à Marengo,
l'un des généraux les plus estimés de Napoléon.*

L'expédition d'Égypte menée par le général Bonaparte entre mai 1798 et octobre 1799 a inspiré les publicitaires comme la marque de papier cigarette Le Nil.

SUR L'EUROPE

« Une guerre entre Européens est une guerre civile. »

Phrase prononcée à Erfurt en septembre - octobre 1808, pour appeler à la nécessaire unité des peuples européens.

« Ma destinée n'est pas accomplie ; je veux achever ce qui n'est qu'ébauché. Il me faut un Code européen, une Cour de cassation européenne, une même monnaie, les mêmes poids et mesures, les mêmes lois ; il faut que je fasse de tous ces peuples d'Europe un même peuple et de Paris la capitale du monde. »

« Un beau matin, j'en suis persuadé, on verra renaître l'Empire d'Occident parce que les peuples fatigués se précipiteront sous le joug de la nation la mieux gouvernée. »

« L'Angleterre est une nation de boutiquiers. »

Cette phrase est attribuée à Napoléon par O'Meara, son médecin.

SUR PARIS

« Il entrait dans mes rêves perpétuels de faire de Paris la véritable capitale de l'Europe. Parfois je voulais qu'il devînt une ville de deux, trois, quatre millions d'habitants, par exemple, en un mot quelque chose de fabuleux, de colossal, d'inconnu jusqu'à nos jours. »

SUR SON ŒUVRE

« Misérables, ils ne voient pas que j'ai éteint la Révolution et travaillé vingt ans à en canaliser les principes. »

SUR SA VIE

« Je travaille toujours ; en dînant, au théâtre ; la nuit, je me réveille pour travailler. »

« Toute ma vie, j'ai tout sacrifié, tranquillité, intérêt, bonheur à ma destinée. »

« L'impossible est le refuge des poltrons. »

SUR LES FEMMES

« Les États sont perdus quand les femmes sont aux affaires publiques. »

SUR L'AVENIR

« Mon fils sera probablement un homme ordinaire, de faculté modérée : il sera donc le roi constitutionnel tout trouvé. »

Statue de Napoléon sur la colonne Vendôme à Paris.

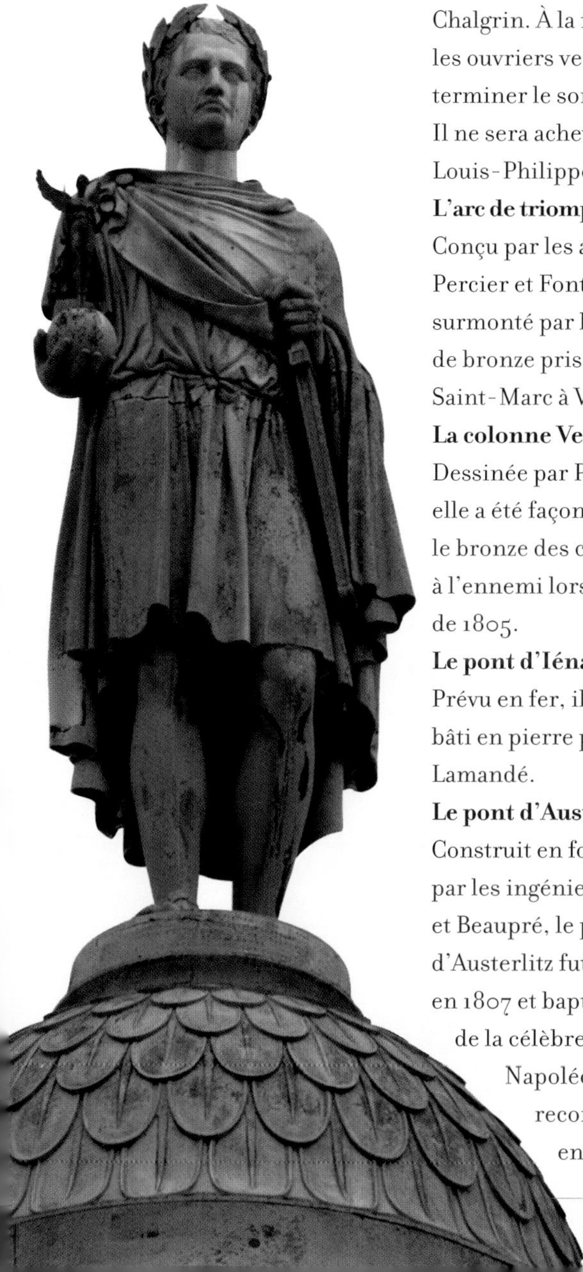

NAPOLÉON BATISSEUR

L'arc de triomphe de l'Étoile
Construit par l'architecte Chalgrin. À la fin de l'Empire, les ouvriers venaient de terminer le sommet de l'arc. Il ne sera achevé que sous Louis-Philippe.

L'arc de triomphe du Carrousel
Conçu par les architectes Percier et Fontaine, il est surmonté par les chevaux de bronze pris à la basilique Saint-Marc à Venise.

La colonne Vendôme
Dessinée par Pierre Bergeret, elle a été façonnée avec le bronze des canons pris à l'ennemi lors de la campagne de 1805.

Le pont d'Iéna
Prévu en fer, il est finalement bâti en pierre par l'architecte Lamandé.

Le pont d'Austerlitz
Construit en fonte en 1802 par les ingénieurs Lamandé et Beaupré, le premier pont d'Austerlitz fut inauguré en 1807 et baptisé du nom de la célèbre victoire de Napoléon. Il sera reconstruit en pierre en 1854.

Le pont des Arts
Première construction métallique de Paris, dessinée par les ingénieurs Cessart et Dillon. Après son effondrement, il sera reconstruit à l'identique entre 1981 et 1984.

L'église de la Madeleine
À l'origine, un temple de la gloire commémorant les victoires de Napoléon.

Le Palais-Bourbon,
ou plus exactement la façade qui lui fût adjointe.

La percée de la rue de Rivoli.
Le modèle des constructions qui bordent la rue fut confié encore une fois à Percier et Fontaine.

Le canal de l'Ourq
Destiné à la batellerie et à l'alimentation des fontaines de Paris.

Le pont de pierre à Bordeaux
Lors de son passage à Bordeaux en 1808, Napoléon Ier ordonne la construction d'un pont sur la Garonne. Prévu en bois car on considère qu'une construction en pierre est impossible, un pont tout en pierre est finalement achevé en 1822, après d'énormes efforts .

LE MYTHE
NAPOLÉON AUJOURD'HUI

LES FRANÇAIS JUGENT **NAPOLÉON**

Pour vous, Napoléon est-il avant tout...

Un conquérant	59 %
Un grand chef d'État	37 %
Un tyran	21 %
Un aventurier	18 %

Certaines personnes ont donné deux réponses.

Selon vous, que reste-t-il aujourd'hui de plus important de l'action de Napoléon ?

Des institutions solides (le Code civil, la Banque de France)	64 %
Les millions de morts dus aux guerres napoléoniennes	37 %
Une page glorieuse de l'histoire de France	36 %
Une centralisation trop forte de l'État	14 %

Certaines personnes ont donné deux réponses.

Au total, diriez-vous de Napoléon que c'était avant tout...

Un grand homme politique, en avance sur son temps et qui a su mettre en œuvre ses idées	49 %
Un dictateur, pour qui tous les moyens ont été bons pour assouvir sa soif de pouvoir	39 %

La différence avec 100 correspond aux sans opinion.

Sondage TNS Sofres effectué pour *Le Figaro Magazine*. 28 octobre 2004. Échantillon national représentatif de 1 000 personnes interrogées en face-à-face, à leur domicile, par le réseau des enquêteurs.

RECORD DE VENTE AUX ENCHÈRES D'OBJETS NAPOLÉONIENS !

LES FILMS SUR NAPOLÉON

De la peinture au cinéma, Napoléon est le personnage le plus représenté dans les arts après le Christ. Jean Tulard et Jean-Pierre Mattei ont recensé plus de 500 films où l'Empereur est évoqué, dont 250 en vedette. Cette abondance de films sur Napoléon provient de sa capacité étonnante à véhiculer les idéologies et les messages les plus variés.

1897 *Entrevue de Napoléon et du Pape* par Lumière
1903 *Napoléon Bonaparte* de Zecca et Nonguet
1909 *Napoléon, The Man of Destiny* film américain par Blackton
1910 *1814* de Louis Feuillade
Napoléon à l'île d'Elbe par Viggo Larsen et qui interprète aussi Napoléon
1911 *Sainte-Hélène* de Caserini
1912 *L'Année 1812* par Gontcharov
Joséphine impératrice et reine de Pouctal
1914 *Napoléon, du sacre à Sainte-Hélène* par Machin ; Charlier incarne Napoléon
1915 *Brigadier Gérard*, film anglais de Haldane
1921 *L'Agonie des Aigles* par Bernard-Deschamps. Severin-Mars est Napoléon
1923 *Der Kleine Napoleon*, film allemand de Jacoby (Marlène Dietrich y interprète un petit rôle)
1925 *Madame Sans-Gêne* par Léonce Perret, avec Gloria Swanson et Émile Drain en Napoléon
1927 *Napoléon* d'Abel Gance avec Albert Dieudonné
Königin Luise par Grüne avec Charles Vanel dans le rôle principal
1928 *Napoleon's Barber*, film américain de John Ford avec Otto Matiesen
Waterloo, film allemand de Karl Grüne avec encore Charles Vanel dans le rôle de Napoléon
1929 *Napoléon à Sainte-Hélène*, film allemand de Lupu-Pick avec le grand acteur allemand Verner Krauss dans le rôle principal
1931 *L'Aiglon* de Tourjansky, d'après Rostand, Émile Drain à nouveau en Napoléon
1933 *L'Agonie des Aigles* de Richebé
1935 *Le Champ de Mai ou les Cent-Jours* par Wenzler, le rôle est tenu par W. Krauss
1936 *The Spy of Napoleon*, film américain d'Elvey
Hearts Divided, film américain de Borzage, Claude Rains est Napoléon en version française
1937 *L'Espionne de Castille*, film américain de R. Z. Leonard
1938 *Conquest (La vie de Marie Waleska)* par Clarence Brown avec la « divine » Greta Garbo, Charles Boyer incarne Napoléon
1938 *Remontons les Champs-Élysées* par Sacha Guitry

1938 *Royal Divorce*, film anglais de J. Raymond, Pierre Blanchar est Napoléon
1941 *Madame Sans-Gêne*, de Richebé avec Dieudonné en Napoléon et Arletty
1942 *Le Destin fabuleux de Désirée Clary* avec Barrault en Bonaparte et Guitry en Napoléon
1943 *Le Colonel Chabert* de Le Hénaff
1944 *Napoléon*, film argentin de Amadori
Koutouzov, film russe de Petrov
1945 *Kolberg*, de Veit Harlan avec Heinrich George
1948 *Le Diable boiteux*, de Guitry, Drain en Napoléon
1950 *Augustina de Aragon*, film espagnol de Juan de Orduna
1953 *La Belle Espionne* de Raoul Walsh, avec Gérard Oury en Napoléon
1954 *Napoléon* de Sacha Guitry, Daniel Gélin est Bonaparte et Raymond Pellegrin, Napoléon
Désirée d'Henry Coster, avec Marlon Brando en Bonaparte et Jean Simmons
1956 *Guerre et Paix* le chef d'œuvre de King Vidor, H. Lom est Napoléon
1960 *Austerlitz* d'Abel Gance, avec P. Mondy en Napoléon
1961 *Madame Sans-Gêne* de Christian-Jaque, avec Sophia Loren et J. Bertheau
Napoléon II, L'Aiglon, de Boissol, Jean-Marc Thibault en Napoléon
1962 *Vénus impériale* de Jean Delannoy avec R. Pellegrin et Gina Lollobrigida
1965 *Cendres*, film polonais de Wajda, J. Zakrzeuski en Napoléon
1967 *Guerre et Paix*, film russe en quatre parties de Bondartchouk
1969 *L'Auberge des Plaisirs*, film autrichien de F. Legrand
Eagle in Cage, film anglais de F. Cook avec Kenneth Haigh, Gieguld est Hudson Lowe
1970 *Waterloo* de Bondartchouk, Rod Steiger incarne Napoléon
1974 *Guerre et Amour* de Woody Allen, James Tolkan est Napoléon
1977 *Les Duellistes* le chef d'œuvre de Ridley Scott
1982 *Time Bandits* de Terry Gilliam, Ian Holm est Napoléon
1985 *Adieu Bonaparte* film franco-égyptien de Youssef Chahine, Patrice Chéreau est Bonaparte
1989 *L'Otage de l'Europe*, film franco-polonais de Jerzy Kawalerowicz
1992 *Le Souper* d'Édouard Molinaro, d'après *Brisville*, Claude Brasseur est Fouché, Claude Rich est un très « bon » Talleyrand
1994 *Le Colonel Chabert* d' Yves Angelo avec Gérard Depardieu
2000 *Pan Tadeusz*, film polonais d'Andrzej Wajda
2001 *The Emperor's New Clothes* d'Alan Taylor
2003 *Monsieur N*, excellent « thriller » français d'Antoine de Caunes ; Philippe Torreton en Napoléon

L'EUROPE EN GUERRE

L'empereur aimait passionnément son fils, Napoléon François Joseph Charles, né en 1811, avec qui il jouait… aux petits soldats !

L'HISTOIRE DU GRENADIER FLAMBEAU…

« À la bataille de Wagram, un grenadier de mon régiment est blessé d'une balle, son camarade le charge sur le dos et le porte au chirurgien-major ; mais, chemin faisant, une nouvelle balle vint tuer le pauvre blessé sans que le porteur s'en aperçoive. Celui-ci continue sa route, arrive à l'ambulance et pose le grenadier sur la table du chirurgien.

- Que m'apportes-tu là ?

C'est un homme mort, que veux-tu que je lui fasse ?

- Major, il est blessé.

- Tiens, regarde, imbécile !

Tu vois bien qu'il est mort.

- C'est vrai tout de même ; voyez donc comme on est trompé dans ce monde, et par ses meilleurs amis encore. Le sournois m'a dit qu'il n'était que blessé… »

LES GUERRES DU IER EMPIRE EFFECTIFS ET PERTES HUMAINES

BATAILLES	EFFECTIFS EN PRÉSENCE	ISSUES ET CONSÉQUENCES
TRAFALGAR 21 octobre 1805	**Flotte franco-espagnole** 37 vaisseaux dont 22 français, 15 espagnols. Équipages : 20 000 hommes.	18 vaisseaux capturés ou coulés, 8 000 tués et blessés, 8 000 prisonniers.
	Flotte anglaise 33 vaisseaux. Équipages : 16 000 hommes.	1 700 tués et blessés
AUSTERLITZ 2 décembre 1805	73 100 Français	1 500 tués et blessés
	85 700 soldats côté russe et autrichien	16 000 tués et blessés
EYLAU 8 février 1807	56 000 Français	1 000 tués et 3 000 blessés (selon *Le Bulletin de la Grande Armée* du 15 oct).
	Prussiens et Saxons : 72 000 hommes	12 000 tués et blessés, 15 000 prisonniers
WAGRAM 5-6 juillet 1809	Français : 150 000 hommes	34 000 tués et blessés et 7 500 prisonniers
	Autrichiens : 136 000 hommes	24 600 tués et blessés, 12 000 prisonniers
LA MOSKOVA 7 septembre 1812	Grande Armée (dont la moitié est composée d'alliés appartenant à dix pays ou nations) : 127 000 hommes	10 000 tués, 20 000 blessés ou prisonniers
	Russes : 120 000 à 150 000 hommes	33 000 tués, 15 000 blessés, 2 000 prisonniers
LEIPZIG 15-19 octobre 1813	Grande Armée : 175 000 hommes	45 000 tués et blessés, 15 000 prisonniers et disparus
	Alliés : 325 000 hommes (Russes, Autrichiens, Prussiens, Suédois)	70 000 tués et blessés, 5 000 prisonniers
WATERLOO 18 juin 1815	Français : 74 000 hommes	46 000 hommes dont 26 000 tués et blessés, 10 000 prisonniers, 10 000 disparus.
	Alliés : 120 000 hommes (Anglais, Prussiens, Hollandais, États allemands)	24 000 dont 20 000 tués et blessés, 4 000 disparus.

LES MARÉCHAUX DE NAPOLÉON

Sur 26 maréchaux d'Empire, il est intéressant de noter que seuls 21 ont donné leur nom à un boulevard qui ceinture Paris. Les autres, comme Augereau, Bernadotte, Marmont, Oudinot, Moncey, Pérignon n'ont pas eu droit à cet insigne honneur. Parmi eux, un seul, Exelmans n'a pas été fait maréchal par Napoléon Iᵉʳ mais par Napoléon III...

AUGEREAU, Pierre (Paris, 1757 – La Houssaye-en-Brie,1816) : fils d'un domestique maréchal d'Empire en 1804, duc de Castiglione en 1808.

BERNADOTTE, Jean-Baptiste (Pau, 1763 – Stockholm 1844) : l'Empereur le fait maréchal en 1804, prince de Pontecorvo en 1806. Il trahit Napoléon et devient roi de Suède et de Norvège en 1818 sous le nom de Charles XIV.

BERTHIER, Louis-Alexandre (Versailles, 1753 – Bamberg, 1ᵉʳ juin 1815) : maréchal en 1804, prince-souverain de Neuchâtel et de Vallengin en mars 1806, prince de Wagram en août 1809.

BESSIERES, Jean-Baptiste, duc d'Istrie (Preyssac, 1768 – Rippach, 1ᵉʳ mai 1813) : maréchal d'Empire en 1804. D'une grande bravoure et très loyal, il est tué à la bataille de Lützen.

BRUNE, Guillaume-Marie (Brive-la-Gaillarde, 1763 – Avignon, 2 août 1815) : maréchal d'Empire en 1804. Rallié à Napoléon durant les Cent-Jours, il sera massacré par les royalistes lors de son passage à Avignon.

DAVOUT, Louis-Nicolas (Annoux, 1770 – Paris, 1823) : maréchal d'Empire en 1804, duc d'Auerstaedt en mars 1808, prince d'Eckmühl en août 1809. Il est le seul maréchal invaincu de Napoléon.

GOUVION-SAINT-CYR, Laurent, marquis de (Toul, 1764 – Hyères, 1830) : il est enfin élevé à la dignité de maréchal le 27 août 1812. Sa rudesse et son manque de sociabilité l'avaient empêché d'obtenir cette dignité jusque-là.

GROUCHY, Emmanuel, marquis de (Paris, 1766 – Saint-Étienne, 1847) : fait maréchal de France le 15 avril 1815.

JOURDAN, Jean-Baptiste, comte (1762 –1833) : maréchal de France en 1804.

KELLERMANN, François-Étienne, (Strasbourg, 1735 – Paris, 1820) : il devient célèbre en tenant tête aux Prussiens de Brunswick à Valmy, le 20 septembre 1792. Napoléon le fera maréchal en 1804, et duc de Valmy en 1808.

LANNES, Jean (Lectoure, 1769 – Ebersdorf, 31 mai 1809) : apprenti teinturier, il est général en 1795, maréchal d'Empire en 1804. Napoléon le fait duc de Montebello le 15 juin 1808. D'un courage exceptionnel, il est l'un des seuls à tutoyer l'Empereur.

LEFEBVRE, François-Joseph (Rouffach, 25 octobre 1755 – Paris, 14 septembre 1820) : maréchal d'Empire en 1804, duc de Dantzig en 1808.

MACDONALD, Étienne (Sedan, 1765 – Beaulieu-sur-Loire, 1840) : maréchal d'Empire, le 12 juillet 1809, duc de Tarente en décembre de la même année.

MARMONT, Auguste-Frédéric-Louis Viesse de (Châtillon-sur-Seine, 1774 – Venise, Italie, 1852) : gouverneur de la Dalmatie, duc de Raguse en 1808, il est fait maréchal d'Empire le 12 juillet 1809. Il trahit Napoléon en livrant Paris aux coalisés en 1814.

MASSENA, André (Nice, 1758– Paris, 1817) : excellent stratège, Napoléon l'avait surnommé « L'enfant chéri de la Victoire ». Il est maréchal d'Empire en 1804, duc de Rivoli en mars 1808, prince d'Essling, le 31 janvier 1810.

MONCEY, Bon-Adrien-Jannot de (Besançon, 1754 – Paris, 1842) : maréchal d'Empire, en 1804, duc de Conegliano, le 2 juillet 1808, puis gouverneur des Invalides.

MORTIER, Adolphe (Le Cateau, 1768 – Paris, 1835) : duc de Trévise en juillet 1808.

MURAT, Joachim, prince (Labastide-Fortunière, aujourd'hui Labastide-Murat, 1767 – Le Pizzo, royaume de Naples, 13 octobre 1815) : fils d'aubergiste. L'Empire le couvre de titres : maréchal, grand amiral et prince. Murat devient grand-duc de Berg et de Clèves en 1805, puis roi de Naples, le 15 juillet 1808.

NEY, Michel, duc d'Elchingen (Sarrelouis, 10 janvier 1769 – Paris, 7 décembre 1815) : maréchal d'Empire en 1804, duc d'Elchingen en juin 1808, prince de la Moskova en 1812.

OUDINOT, Nicolas (Bar-le-Duc, 1767 – Paris, 1847) : comte de l'Empire en 1808, maréchal d'Empire en juillet 1809, duc de Reggio en avril 1810. Il reçut en tout 32 blessures...

PERIGNON, Catherine-Dominique, marquis de (Grenade, 1754 – Paris, 1818) : maréchal d'Empire en 1804 et comte de l'Empire en 1808.

PONIATOWSKI, Joseph-Antoine, prince (Varsovie, 1763 – Leipzig, 19 octobre 1813) : ministre de la Guerre du grand duché de Varsovie, il est fait maréchal d'Empire le 16 octobre 1813.

SERURIER, Jean-Mathieu, comte (Laon, 1742 – Paris, 1819) : surnommé la « Vierge d'Italie » en raison de son intégrité, il est gouverneur des Invalides et maréchal en 1804, comte de l'Empire en 1808.

SOULT, Jean de Dieu (Saint-Amans-La Bastide, Tarn, 1769 – château de Soultberg, dans la même commune, le 26 novembre 1851) : maréchal en 1804, duc de Dalmatie en juin 1808, Soult finira sa carrière plusieurs fois ministre et président du Conseil de Louis-Philippe.

SUCHET, Louis-Gabriel (Lyon,1770 – Marseille,1826) : comte de l'Empire en 1808. Envoyé en Espagne, il y devient le chef de l'armée dite d'Aragon. Maréchal d'Empire le 8 juillet 1811. Le titre de duc d'Albufera vient récompenser ses nombreux mérites.

VICTOR, Claude-Victor Perrin, dit (Lamarche, 1764 – Paris, 1841) : maréchal de l'Empire, le 13 juillet 1807, il devient duc de Bellune en septembre 1808.

L'ARGOT DES GROGNARDS DU PREMIER EMPIRE

LES SOLDATS

Un beau sabreur : un hussard

Un brise-muraille : un artilleur

Un pousse-caillou : un fantassin

Les Marie-Louise : les conscrits enthousiastes mais inexpérimentés des classes 1813-1815

Un dur à cuir : un combattant aguerri

Une vieille moustache, un briscard, une vieille culotte ou un vrai bougre : un vétéran de nombreuses campagnes

Un frileux : un soldat effrayé

Un bulletin : un menteur

Les pékins : les civils

L'ENNEMI

Les autres chiens : les Autrichiens

Les *goddams* : l'infanterie britannique

LES BLESSURES DE GUERRE

Être abîmé : être blessé

Un abreuvoir à mouches : un soldat avec une entaille au visage

Être embrassé par une demoiselle : être blessé par un boulet

Un gigot : une vilaine amputation ou une amputation bâclée

Les carabins : les chirurgiens

LES ARMES

Le brutal : l'artillerie

La flûte à gros bec : l'artillerie

Le crucifix à ressort : un pistolet

LES COMBATS

La fête : la guerre

Un déjeuner à la fourchette : un assaut à la baïonnette

Friser : manquer une cible proche

Avoir des engelures aux yeux : avoir peur durant les combats

Défiler en parade : mourir au combat

LES INCONVÉNIENTS DE LA VIE DE SOLDATS

Piler du poivre : être en sentinelle

Mettre les dents au crochet : être affamé

La mie de pain : les puces

La savate : une punition où les soldats sont frappés avec des chaussures munies de pointe

L'Abbaye-de-Sot-Bougre : le camp de prisonniers

Être mis aux mites : être en prison

Se faire laver les cheveux avec du plomb : être exécuté par un peloton d'exécution

LES RÉCOMPENSES

La bouffarde : la pipe

Le casse-poitrine : une boisson forte

Le sauve-la-vie : une boisson forte

La bamboche : la Légion d'honneur

Mettre sa vaisselle à l'air : porter ses médailles

J. Tulard (sous la direction de), *Dictionnaire Napoléon*, Fayard, 1999, tome 1.

L'EMPEREUR

Le Chapeau : Napoléon Bonaparte

Les cousins de l'Empereur : les Corses

Le coucou : l'aigle français

L'image du grognard, solide et fidèle à l'Empereur, a servi à de nombreuses publicités, comme pour cette liqueur.

QUELQUES ARMES DU XIXE SIÈCLE...

Le « système Gribauval »

Toute l'artillerie française est réorganisée par le général Jean-Baptiste Vaquette de Gribeauval en 1762. Grâce à son nouveau système, il fait de l'artillerie française la meilleure d'Europe à la veille de la Révolution, et ce durant tout l'Empire. Napoléon Ier saura en tirer profit. Il s'agit d'une artillerie à tubes en bronze dont les canons de campagne sont réduits à trois calibres : les pièces de 4, 8 et 12 (équivalant au poids du boulet qui est tiré).

Le fusil d'infanterie modèle 1777, modifié an IX

Ce fusil, imaginé également par Gribeauval, va équiper le fantassin de l'Empire. Difficile à manier et peu précis, il va néanmoins faire de l'infanterie de la Grande Armée la « reine des batailles ». Il faut préciser bien sûr que Napoléon saura particulièrement bien l'utiliser.

Le sabre de cavalerie légère, modèle an IX

Cette arme blanche devient redoutable dans les mains des hussards ou des chasseurs de l'Empire. Ces régiments multiplient les exploits et participent largement à forger la légende napoléonienne. Murat et Lasalle en sont les représentants les plus illustres.

Le chassepot, modèle 1866

Ce fusil d'infanterie doit son nom à son inventeur Antoine-Alphonse Chassepot. Premier fusil à chargement par la culasse, il est utilisé pendant la guerre de 1870. Malheureusement, il est insuffisant pour battre la Prusse qui utilise le fameux système Mauser.

PAGE DE DROITE HAUT
À la bataille de Friedland (1807), le 7e hussard mène, sabre au clair, une charge héroïque contre l'ennemi.
La Charge du 7e hussard à Friedland (détail), de É. Detaille.

PAGE DE DROITE BAS
Pendant la guerre de 1870, les zouaves et les gardes mobiles français de l'armée du Nord sont armés du chassepot, modèle 1866.
Combat dans les rues d'un village (détail), huile sur toile de P.-L Grolleron, 1870.

À Iéna, le 14 octobre 1806, la garde impériale est armée du fusil modèle 1777. Au matin de la bataille, pendant que Napoléon passe en revue ses troupes, un jeune grognard s'écrie : « en avant ! », en brandissant son bonnet à poil.
Napoléon passant devant les troupes à la bataille d'Iéna (détail), tableau de H. Vernet, 1836.

L'EUROPE À TOUTE VAPEUR

LA RÉVOLUTION DES TRANSPORTS

1803	Premier bateau à vapeur expérimenté sur la Seine	Robert Fulton
1804	Premier véhicule sur rail actionné grâce à une machine à vapeur	Richard Trevithick
1814	Première véritable locomotive, La Locomotion	George Stephenson
1824	Invention de la chaudière tubulaire	Marc Seguin
1829	Locomotive Rocket qui atteint 56 km/h	George Stephenson
1832	Propulsion à hélice	Frédéric Sauvage
1884	Invention du moteur à explosion	Delamare-Deboutteville
1885	Première automobile à essence	Daimler et Benz

PÉTROLE OU ÉLECTRICITÉ ?

Déjà en 1898, à l'occasion du premier Salon de l'automobile, le débat fait rage entre les partisans de la voiture « à pétrole » et ceux de la voiture électrique.

« Quand les puits d'énergie électrique seront assez nombreux le long des routes, où que l'on aura trouvé – oh, rêve ! – le générateur pratique, le pétrole baissera partout pavillon devant l'électricité [...]. Mais en attendant, le pétrole est le maître incontesté [...], car il est l'énergie qui se débite en bidons chez tous les épiciers du monde...

« La maison Panhard, qui vend ses voitures courantes de 10 000 à 20 000 francs [à titre de comparaison, un mineur gagne 1 250 francs par an] impose un délai de 18 mois pour livraison. La maison Peugeot [...] a des prix plus raisonnables, de 7 000 à 10 000 francs, mais fait aussi attendre ses clients pendant 10 mois ! [...] Les véhicules électriques coûtent de 10 000 à 20 000 francs et ne sont, pour le moment du moins, possibles que pour Paris et la petite banlieue. »

Extraits d'un article de Ionel, *L'Illustration*, 25 juin 1898.

Machine locomobile portant son treuil pour labourage à vapeur.

La machine à vapeur révolutionne les techniques agricoles. Cet engin locomobile équipé d'un treuil est l'ancêtre du tracteur.

LA RÉVOLUTION INDUSTRIELLE

1709-1735	Première utilisation du coke, le charbon de terre	Abraham Darby
1712	Première machine à vapeur qui permet de pomper l'eau des mines. Cependant, il faut régulièrement rafraîchir le piston par un jet d'eau froide, pour condenser la vapeur, c'est-à-dire la transformer en eau.	Thomas Newcomen
1733	Premier métier à tisser mécanique	John Kay
1754	Première fonderie sidérurgique à Bradley, en Angleterre	John Wilkinson
1767	Première machine à filer automatique	James Heargraves
1769	Invention du condenseur, petite chambre séparée qui permet de condenser la vapeur sans refroidir le piston.	James Watt
	Onze ans plus tard, Watt met aussi au point un piston à deux faces, qui peut être actionné par la vapeur, vers le haut et vers le bas.	
1769-1771	Mise au point de la *water frame*, métier à tisser actionné par un moteur hydraulique.	Richard Arkwright
1779	Mise au point de la *mule-jenny* qui peut produire tous les types de fil.	Samuel Crompton
1784	Découverte du *puddlage*, une technique permettant de fabriquer directement de l'acier à partir de la fonte réchauffée avec du coke.	Henry Cort
1785	Premier métier à tisser mécanique	Edmund Cartwright
1820	Procédé d'empierrement des chaussées, avec des pierres cassées en petits morceaux et passées au rouleau	John Loudon McAdam
1831	Première moissonneuse	McCormick
1855	Premier convertisseur	Bessemer
1869	Premier générateur, qui permet de convertir la force mécanique en électricité	Zénobe Gramme
1874	Invention du fil de fer barbelé	Joseph Glidden
1876	Invention du téléphone	Graham Bell
1878	Mise au point d'un nouveau procédé pour la fabrication de l'acier	Thomas-Gilchrist
1879	Perfectionnement de la lampe à incandescence	Thomas Edison
1895	Invention du cinématographe	Les frères Lumière
1897	Aspirine	Félix Hoffmann pour Bayer
1899	Première liaison par TSF	Branly et Marconi

MACHINE A VAPEUR VERTICALE VUE DE FACE,

Depuis l'invention du condenseur par James Watt en 1769, la machine à vapeur n'a cessé d'être perfectionnée et miniaturisée, pour aboutir à des modèles demi-fixes voire portatifs.

LES GRANDES VILLES FRANÇAISES EN 1800 (ET 2005...)

On connaît tous l'immense développement de l'urbanisation au cours des deux derniers siècles. La civilisation passe du stade pastoral au stade industriel, provoquant ainsi l'accroissement continu des villes. Aujourd'hui, certaines vieilles cités ne cessent de se développer et s'entourent d'agglomérations parfois stupéfiantes par le chiffre de leurs populations. La science démographique permet de comparer les recensements d'autrefois à ceux d'aujourd'hui. En 1800, les plus grandes villes de France étaient, pour le nombre d'habitants, les suivantes (en couleur, nous avons indiqué la population en 2005 hors agglomération) :

1. Paris	**547 756**	2 290 000
2. Marseille	**111 130**	909 056
3. Lyon	**109 500**	456 674
4. Bordeaux	**90 992**	221 145
5. Rouen	**87 000**	114 400
6. Nantes	**73 879**	256 700
7. Lille	**54 756**	175 000
8. Toulouse	**50 171**	383 200
9. Strasbourg	**49 056**	253 384
10. Amiens	**40 289**	131 000
11. Nîmes	**38 800**	127700
12. Orléans	**36 165**	106 200
13. Montpellier	**33 913**	191 101
14. Angers	**33 000**	137 750
15. Metz	**32 090**	111 800
16. Caen	**30 900**	122 500
17. Besançon	**30 000**	120 400
18. Nancy	**29 000**	111 700
19. Brest	**27 000**	167 200
20. Rennes	**25 904**	195 000

La une du *Petit Journal* de 17 décembre 1905 présente quatre candidats à l'élection présidentielle : Léon Bourgeois, Paul Doumer, Armand Fallières et Maurice Rouvier. Finalement, c'est Armand Fallières qui sera désigné par le Congrès, le 18 février 1906, pour occuper la plus haute charge de l'État.

De nos jours, comme en 1800, les trois premières villes sont toujours Paris, Marseille et Lyon. On remarque la montée de Toulouse, passée du 8e rang au 4e rang, et de Strasbourg du 9e rang au 7e rang. Par contre, Bordeaux descend du 4e au 8e rang. Nantes garde la 6e place, Saint-Étienne et Le Havre n'étaient pas, en 1801, dans le peloton de tête.

VIVE LA RÉPUBLIQUE FRANÇAISE !

LA PREMIÈRE ÉLECTION PRÉSIDENTIELLE EN FRANCE

Pour la première fois, en décembre 1848, on élit un président de la République au suffrage universel.

NOM DU CANDIDAT	NOMBRE DE VOIX
Bonaparte Louis Napoléon bonapartiste	5,4 millions
Cavaignac Louis républicain modéré	1,5 million
Ledru-Rollin Alexandre républicain avancé	370 000
Raspail François socialiste révolutionnaire	37 000
Lamartine Alphonse de républicain modéré	8 000

LES ÉTRANGERS EN FRANCE

	POPULATION FRANÇAISE	NOMBRE D'ÉTRANGERS
1851	33 781 628	381 000
1876	38 783 000	802 000
1891	39 946 000	1 million
1901	38 450 788	1 033 871
1914	41 630 000	1 200 000
1931	41 228 000	2 715 000
1954	42 781 370	1 765 298
1975	52 500 000	3 442 000
1990	56 634 000	4 195 952
2004	60 506 000	4 900 000

LA RÉPUBLIQUE À UNE VOIX PRÈS !

Proclamée le 4 septembre 1870, à l'annonce de la capitulation française devant la Prusse et de la capture de l'empereur Napoléon III, la IIIe République connaît une naissance bien difficile. Au début de l'année 1875, elle n'a toujours pas de constitution. L'Assemblée est dominée par les royalistes et le président de la République est un monarchiste qui souhaite une restauration de la royauté ! Personne n'ose aborder de front la question du régime politique… Il faudra attendre le 30 janvier 1875 pour que ce tabou soit levé ! Ce jour-là, le député républicain Henri Wallon, propose l'amendement suivant : « Le président de la République est élu à la majorité absolue des suffrages par le Sénat et par la Chambre des députés réunis en Assemblée nationale. » Le vote de cet amendement est en fait l'occasion pour les députés de se prononcer pour ou contre la République. Les résultats tombent : 353 voix pour, 352 voix contre. La République est donc définitivement adoptée… mais à une voix près !

LE ROYAUME-UNI UNE SUPERPUISSANCE

UN ÉTAT INDUSTRIEL ET COMMERÇANT

PRODUCTION	1830	1870	1900
Tissus en coton (en millions de livres)	32,1	104,9	89,2
Charbon (en millions de tonnes)	22,4	110,4	225,2
Fonte brute (en millions de tonnes)	0,7	6,3	8,6

LE POIDS ÉCONOMIQUE DU ROYAUME-UNI VERS 1860

Part de la production de fer mondiale	53 %
Part de la production de charbon dans le monde	50 %
Part de la production de cotonnades dans le monde	49 %
Part des articles manufacturés dans le monde	33 %
Part de la flotte marchande mondiale	34 %
Part des exportations mondiales	25 %

LE FOOTBALL MODERNE EST NÉ DANS UNE TAVERNE !

Le 26 octobre 1863, les représentants de douze écoles et clubs de football se réunissent dans la *FreeMason's Tavern* de Londres pour unifier cette discipline qui connaît déjà de nombreuses variantes. Plusieurs tentatives d'uniformisation ont été déjà été entreprises en 1848, 1856 et 1862, mais en vain. Les débats font rage sur certains points du jeu, notamment le *hacking*, cette technique qui consiste à donner un coup de pied sous le genou. On s'accorde pour interdire cette pratique dangereuse, au grand dam de F. W. Campbell, le représentant de l'école de Blackleath, favorable au hacking, et qui décide de quitter la réunion, en s'écriant : « Le *hacking*, c'est le vrai football ! » Le 5 décembre 1863, un règlement en 14 articles, rédigé par Ebenezer Cobb-Morley est approuvé par les onze associations. Le football moderne est né !

PAGE DE DROITE
TOUT L'ORGUEIL DE L'ARISTOCRATIE BRITANNIQUE !
Voici l'un des blasons les plus fournis au monde, celui de la famille galloise des Lloyd of Stockton, qui ne compte en 1894 pas moins de 323 quartiers, agrégés au fil des alliances matrimoniales.

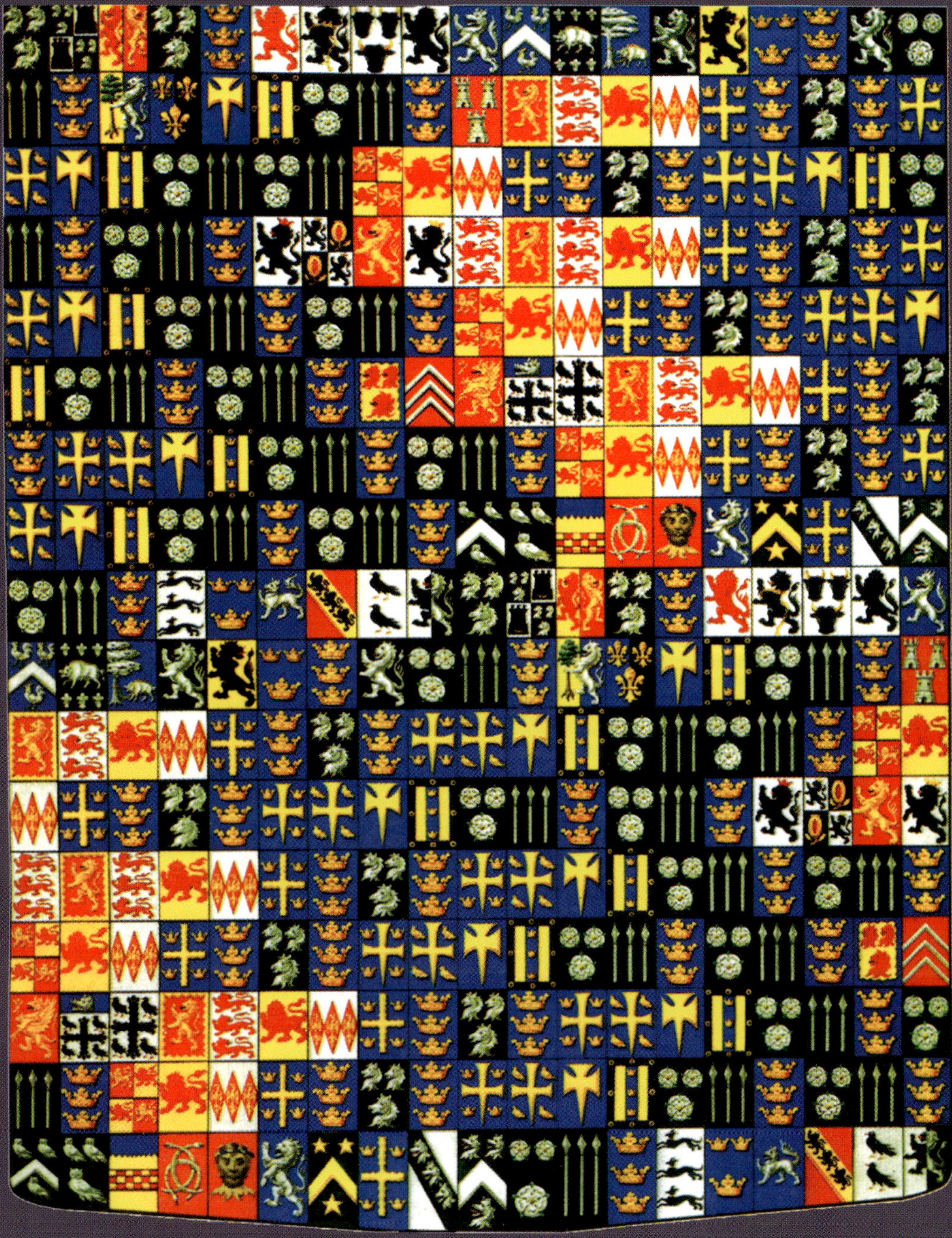

LA NAISSANCE DE LA NATION AMÉRICAINE

LES ÉTATS-UNIS UNE CROISSANCE SPECTACULAIRE

Date	Population
1790	3 929 000
1800	5 308 000
1810	7 240 000
1820	9 638 000
1830	12 861 000
1840	17 063 000
1850	23 192 000
1860	31 443 000
1870	38 558 000
1880	50 189 000
1890	62 980 000
1900	76 212 000
1910	92 228 000
1920	106 022 000
1930	123 203 000
1940	132 165 000
1950	151 326 000
1960	179 323 000
1970	203 212 000
1980	226 546 000
1990	248 710 000
2009	305 683 227

LE DENTIER DE GEORGE WASHINGTON

George Washington a commencé à perdre ses dents dès l'âge de 20 ans. En 1789, lorsqu'il devint président des États-Unis, il ne lui en restait plus qu'une. Il s'est donc fait confectionner par le meilleur dentiste américain, le docteur John Greenwood, un dentier. Cet objet se compose de deux mâchoires métalliques articulées par un ressort, où sont fixées des dents humaines et des dents en ivoire d'hippopotame.

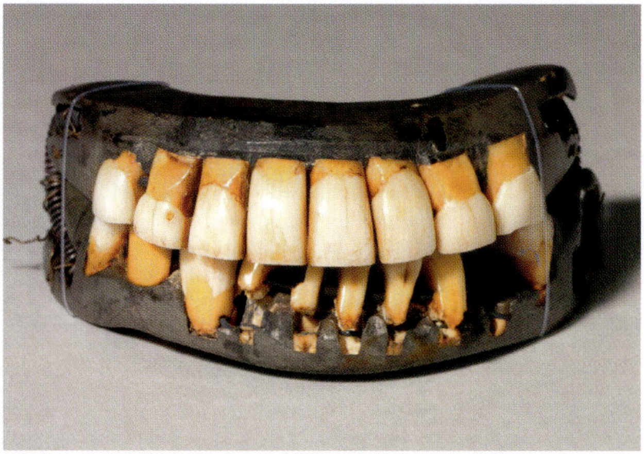

LE NOMBRE D'ESCLAVES AUX ÉTATS-UNIS D'AMÉRIQUE

1790	697 897
1820	1 538 000
1860	3 953 760

LE TRANSCONTINENTAL

Il faudra 24 000 ouvriers et six ans de travaux (1863-1869) pour construire le premier chemin de fer transcontinental américain reliant New York sur l'océan Atlantique à San Francisco sur le Pacifique, soit 2 500 kilomètres.

DU PÉTROLE !

Le 27 août 1859, Edwin Drake peut laisser éclater sa joie. Cet aventurier américain vient de faire jaillir du pétrole, à Titusville, une petite ville de Pennsylvanie. Cette découverte va inaugurer une ère d'exploitation massive de l'or noir.

L'ABOLITION DE L'ESCLAVAGE AUX ÉTATS-UNIS (1865)

« Ni esclavage, ni servitude involontaire, si ce n'est en punition d'un crime dont le coupable aura été dûment convaincu, n'existeront aux États-Unis, ni dans aucun des lieux soumis à leur juridiction. »

Treizième amendement de la Constitution des États-Unis d'Amérique, Section 1, 1865.

DES ÉTATS PIONNIERS EN MATIÈRE D'ÉGALITÉ POLITIQUE ENTRE HOMMES ET FEMMES

Date d'adoption définitive du droit de vote des femmes

	ÉTATS OU TERRITOIRES DES ÉTATS-UNIS D'AMÉRIQUE
1869	Wyoming
1893	Colorado
1897	Idaho
1911	Washington et Californie
1913	Oregon, Arizona et Kansas
1914	Montana et Nevada
1916	Illinois (vote des femmes pour les élections présidentielles seulement)
1918	Michigan et New York
21 mai **1919**	Principe du vote des femmes adopté par le Congrès fédéral

	AUTRES PAYS
1893	Nouvelle-Zélande
1902	Australie
1906	Finlande
1913	Norvège
1918	Russie soviétique
1919	Allemagne
1928	Grande-Bretagne
1944	France

D'après Frédéric Salmon, *Atlas historique des États-Unis, de 1783 à nos jours*, Armand Colin, 2008.

L'EUROPE DOMINE LE MONDE

LE PREMIER GÉNOCIDE DE L'HISTOIRE

La tribu des Hereros, qui vit dans la colonie allemande du Sud-Ouest africain (aujourd'hui la Namibie) est victime entre 1904 et 1906 d'un gigantesque massacre, perpétré par les troupes coloniales allemandes. 64 000 Hereros, soit 80 % de cette population, trouvent la mort, dans des camps de concentration, lors des déportations ou sur des pelotons d'exécution. Certains historiens considèrent ce massacre comme le premier génocide de l'histoire.

« La nation herero devait être soit exterminée ou, dans l'hypothèse d'une impossibilité militaire, expulsée du territoire. [...] J'ai donné l'ordre d'exécuter les prisonniers, de renvoyer les femmes et les enfants dans le désert [...]. »

Extrait de la lettre de Lothar von Trotha, général en chef des forces allemandes, à Von Schlieffen, chef d'état-major de l'armée allemande, 4 octobre 1904.

PIERRE DE BRAZZA : UN COURAGE INCROYABLE

Brazza raconte dans quelles conditions s'est déroulée une de ses expéditions pour remonter le fleuve Ougoué au Congo entre 1875 et 1878. Il découvre les difficultés du climat, les maladies, les fièvres qui rongent les individus et les accidents de parcours :

« En dehors de la dysenterie qui a commencé, je me suis très grièvement blessé la cheville du pied gauche... : la douleur est telle que je suis resté quatre nuits sans fermer l'œil. La plaie s'est infectée. Je me suis armé de toute l'énergie dont je suis capable, découpant chair et muscles, j'ai enlevé une plaque de cinq centimètres de diamètre et d'un centimètre de profondeur. Dans cette opération épouvantable, j'ai souffert plus que je n'avais souffert de ma vie... »

LES EMPIRES COLONIAUX EN 1914

ÉTAT	SUPERFICIE (EN KM²)	POPULATION (EN MILLIONS D'HABITANTS)
Royaume-Uni	29 850 000	400
France	11 000 000	48
Allemagne	2 913 000	16
Belgique	2 382 000	15
Portugal	2 096 000	9,3
Pays-Bas	2 045 000	38
Italie	484 000	1,3
Espagne	213 000	0,22
Danemark	194 000	0,143

UNE REINE AFRICAINE ?

Cette statuette réalisée au XIXe siècle par un artiste nigérian, représente Victoria, reine de Grande-Bretagne et d'Irlande, et impératrice des Indes, sous les traits d'une reine yoruba.

LA VENTE DE PRODUITS CHINOIS EN EUROPE

Pour payer l'opium importé, les Chinois doivent, au cours du XIXe siècle, vendre toujours plus de thé et de soieries, comme le montre cette comparaison entre leurs exportations au XVIIIe siècle et au XIXe siècle.

	ANNÉES 1720-1730	ANNÉES 1820-1830
Thé	12 700 tonnes	360 000 tonnes
Soieries	72,6 kg	387,2 kg
Cotonnades	300 000 pièces	1 415 000 pièces

D'après J. Gernet, *Le Monde chinois*, Armand Colin, 1972.

LES BRITANNIQUES INONDENT LA CHINE D'OPIUM !

Dès les années 1830, les Britanniques s'imposent peu à peu comme les principaux fournisseurs d'opium des Chinois. Ils n'hésitent pas à inonder littéralement le pays en opium indien. Lorsque des fonctionnaires chinois de Canton se mettent à détruire des lots d'opium, c'est la guerre entre la Chine et la Grande-Bretagne !

NOMBRE DE CAISSES D'OPIUM INDIEN DÉBARQUÉE À CANTON PAR LES BRITANNIQUES

ANNÉE	(1 CAISSE = 60 KG D'OPIUM RAFFINÉ)
1729	**200**
1790	**4 000**
1821	**5 000**
1836	**30 000**
1838	**40 000**
1850	**68 000**
1873	**96 000**

D'après J. Gernet, *Le Monde chinois*, Armand Colin, 1972.

Le dictateur
de Tomanie
Adenoid Hynkel,

L'ÉPOQUE CONTEMPORAINE XXe SIÈCLE

LA GRANDE GUERRE

LES PERTES HUMAINES POUR QUELQUES PAYS EUROPÉENS...

PAYS	SOLDATS MOBILISÉS	SOLDATS TUÉS	SOLDATS BLESSÉS
France	8 500 000	1 400 000	3 600 000
Royaume-Uni	8 900 000	947 000	2 000 000
Russie	15 000 000	1 700 000	4 950 000
Allemagne	13 000 000	1 800 000	4 200 000
Autriche-Hongrie	9 000 000	1 290 000	3 600 000

Cette illustration évoque, sur le ton de l'humour, les conditions de vie et de combat épouvantables des poilus, dans des tranchées froides, humides, boueuses et grouillantes de « gaspards ».

PETIT VOCABULAIRE DE LA GRANDE GUERRE

Les **POILUS** désignent les soldats français. Cependant, contrairement à une idée couramment admise, ce terme ne vient pas du fait qu'ils ne se rasaient pas. Il dérive d'une série d'expressions militaires, dont certaines remontent au XVIIe siècle et qui associent le poil à la bravoure : « brave à trois poils », soldat qui a « du poil aux yeux » ou « aux cœurs »...

Le mot « **BOCHE** » a été forgé à partir de « Alboche » qui associe « Al » (partie du mot « Allemand »), et de « caboche » (tête).

Les jeunes soldats sont appelés les **BLEUS**, car autrefois ils arrivaient sur le front dans leur blouse bleue de travail. Les **TOTOS** sont les poux et les **GASPARDS**, les rats qui infestent les tranchées.

Pendant la première guerre mondiale, des chiens sont dressés pour aider les soldats au combat, qu'il s'agisse de dératiser les tranchées, porter des armes, secourir un blessé ou flairer l'ennemi.

UN CAPITAINE AVEUGLE S'ÉLANCE À L'ATTAQUE !

En 1915, sur le front ouest, le capitaine Didelot et ses hommes sortent de leurs réseaux de tranchées et s'élancent à l'attaque des positions allemandes sous une pluie d'acier. À son coup de sifflet, c'est la charge, les fantassins armés de baïonnettes passent à l'offensive. Devenu aveugle à la suite de ses blessures, Didelot mène pourtant sa compagnie au combat, guidé par deux de ses soldats. Les Allemands les attendent, solidement retranchés derrière leurs nids de mitrailleuses, les visent et massacrent les courageux poilus…

DES CHIENS AU COMBAT !

Près de 30 000 chiens ont été utilisés pendant la première guerre mondiale par les différentes armées. Ils remplissent des tâches multiples : patrouiller, dératiser, porter du matériel ou des messages, tracter des mitrailleuses, repérer la présence ennemie et même sauver des combattants. Le major Richardson est l'un des premiers à organiser des équipes cynophiles, au sein de l'armée britannique. Mais ce sont les Français qui utilisent le plus grand nombre de chiens, près de 15 000 ! Le bilan sera particulièrement dramatique : près du tiers de ces animaux périront ou seront portés disparus au cours du conflit.

QUELQUES ARMES FRANÇAISES DE LA PREMIÈRE GUERRE MONDIALE

Le fusil Lebel est l'arme du Poilu.

LE « ROI DES CANONS » : LE CANON DE 75

Du modèle 1897, ce canon de campagne est de conception révolutionnaire. Il réunit tous les perfectionnements de l'époque : utilisation de la poudre noire, munition encartouchée, obus fusant, et chargement par la culasse. Il est l'un des canons les plus célèbres de tous les temps. En service jusqu'en 1940, il se révèle néanmoins insuffisant dans la guerre de position de la première guerre mondiale.

UN FUSIL RÉVOLUTIONNAIRE : LE FUSIL LEBEL

Du nom de son inventeur, Nicolas Lebel, ce fusil de calibre 8 mm est adopté en 1887. C'est une arme révolutionnaire, car c'est la première à utiliser de la poudre sans fumée et des balles chemisées en cuivre (et non plus en plomb). Cela permet d'augmenter la vitesse de la balle et la précision. Sa portée dépasse les 4 km.

UN MORTIER À L'ALLURE D'UN CRAPAUD : « LE CRAPOUILLOT » (1914-1918)

Le « crapouillot » désigne un petit mortier, trapu et massif, à l'allure de « crapauds » destiné tout particulièrement à la guerre de tranchées. Son utilisation permet en effet d'atteindre l'ennemi au fond de ses retranchements. D'abord engin bricolé, il devient vite beaucoup plus élaboré et il est construit à une échelle industrielle. Il se révèle une arme redoutable et sème la mort dans les tranchées allemandes.

Au cours de la première guerre mondiale, toutes sortes d'armes anciennes, parfois très rudimentaires, ont été utilisées : casse-tête, fléchettes, fronde et cette grande arbalète qui sert à envoyer des grenades.

LE CHAR DE LA VICTOIRE

Le char léger Renault FT 17 (1916-1918)

Le char léger Renault FT 17 est sans conteste le char de la victoire pour l'armée française. Plus efficace et plus maniable que les chars lourds Schneider par exemple, le char Renault est le premier char industrialisé. Construit à plusieurs milliers d'exemplaires, il est une réussite technologique et est toujours en activité au début de la deuxième guerre mondiale.

Le Renault FT-17 est le char de la victoire française, ainsi que le symbole de la bravoure et du romantisme français.

22 TONNES

Le char lourd Saint-Chamond (1917-1918) est un des chars de la première guerre mondiale. Il fut construit à plus de 400 exemplaires. Destiné à franchir les tranchées ennemies, il est utilisé de février 1917 à février 1918 et obtient de bons résultats. Sa taille et sa masse représentent pourtant des handicaps sérieux sur des terrains très accidentés.

Caractéristiques

Équipage : 8 hommes

Longueur : 8,7 m

Largeur : 2,7 m

Masse : 22 t

Blindage : 11 à 19 mm

Armement principal : un canon de 75

Armement secondaire : quatre mitrailleuses Hotchkiss 8 mm

Moteur Panhard et Levassor de 90 ch

Vitesse sur route : 12 km/h

LE PREMIER SOUS-MARIN FRANÇAIS : LE *PRAIRIAL* (1914-1918)

En août 1905, la construction des sous-marins devient industrielle puisque sont mis en chantier 18 submersibles à double coque, conçus par l'ingénieur Laubeuf. Ils portent tous les noms des mois du calendrier révolutionnaire. En 1914, la France dispose de 46 sous-marins dont *Le Prairial*. 22 autres sont livrés entre 1916 et 1918. Ils rivalisent avec succès avec les fameux *U-boot* allemands. La première guerre mondiale marque le début de la guerre sous-marine.

L'AVION NIEUPORT 1916

C'est l'époque des grands « as » de l'aviation. Parmi les avions de chasse, le Nieuport XI, surnommé « bébé », fut sans doute le plus efficace. En 1916, le Nieuport XI « bébé » n° 872 de Jean Navarre est le seul équipé du tir à travers l'hélice.

Caractéristiques

Mise en service : 5 janvier 1916
Équipé d'un moteur Gnome et Rhône 9 cylindres de 80 ch.
Autonomie : 2 h
Envergure : 7,52 m
Longueur : 5,64 m
Surface ailaire : 13,3 m²
Poids avec armement : 480 kg
Vitesse maximale : 176 km/h
Armement : une mitrailleuse Vickers ou Lewis de 7,7 mm

LES PIONNIERS DE L'AVIATION

1897

L'ingénieur français Clément Ader décolle à bord d'un appareil à moteur qu'il appelle « avion ».

1903

L'Américain Orville Wright effectue un vol de 37 mètres dans un engin « plus lourd que l'air ».

1909

Traversée de la Manche par Louis Blériot sur son Blériot XI.

1910

Vol à plus de 1 000 m d'altitude effectué par le Français Hubert Latham sur un Antoinette à Mourmelon et à 106,5 km/h pour le monoplan Blériot piloté par le Français Henri Fabre.

1912

Record d'altitude pour le Français Roland Garros à plus de 5 000 m.

1913

Roland Garros traverse la Méditerranée en avion.

1927

Premier vol New York-Paris sans escale par Charles Lindbergh à bord du *Spirit of Saint Louis.*

1930

Première traversée Paris-New York par Maurice Bellonte et Dieudonné Costes.

1939

Premier vol d'un avion à réaction, le Heinkel He-178, mis au point par l'ingénieur allemand Hans von Ohain.

1918-1939
DES ANNÉES TRÈS FOLLES

LA FORD T

Une révolution automobile aux États-Unis

ANNÉE	NOMBRE DE FORD T PRODUITES
1908	10 000
1909	17 000
1910	32 000
1911	70 000
1912	170 000
1913	200 000
1922	1 173 000
1923	1 870 000

LE LUXE ABORDABLE

L'industriel américain Henry Ford s'inspire du système d'organisation du travail élaboré par Frederick Winslow Taylor, reposant notamment sur la parcellisation des tâches. En 1913, il fait installer dans son usine de Détroit (Michigan), une chaîne de montage permettant de réduire les temps de production qui passent de 12 heures 8 minutes par véhicule en 1910 à 1 heures et 33 minutes en 1916 ! Le prix de chaque automobile chute : alors qu'une Ford T coûte 825 dollars en 1908, elle vaut 345 dollars à 1916 et 290 dollars en 1924. L'objectif de Ford est de permettre au plus grand nombre d'acheter ses automobiles, à une époque où il s'agit encore d'un produit de luxe. Il pratique ainsi une politique d'augmentation des salaires pour donner à ses ouvriers les moyens de le faire.

EN ALLEMAGNE, UNE INFLATION FULGURANTE !

DATE	LA VALEUR DU MARK-OR EN MARK PAPIER
Janvier 1922	45,69 marks papier
Juillet 1922	117,49 marks papier
Janvier 1923	4281 marks papier
Juillet 1923	84 186 marks papier
Août 1923	1 100 632 marks papier
Septembre 1923	23 500 000 marks papier
Octobre 1923	6 000 000 000 marks papier
Novembre 1923	522 000 000 000 marks papier
DÉCEMBRE 1923	**1 000 000 000 000 marks papier**

LE FEZ, C'EST FINI !

Au cours des années 1920-1930, le président Mustapha Kemal, dit « Atatürk » (le « père des Turcs »), lance une série de réformes ambitieuses et autoritaires pour occidentaliser la république de Turquie. Parmi ces mesures, figure la loi du 25 novembre 1925 interdisant le port du fez et recommandant le chapeau. Comme le montre cette photographie, les Stambouliotes remettent leurs fez aux autorités pour adopter la coiffe à l'occidentale. Cependant, dans les campagnes anatoliennes, les résistances à la nouvelle mode seront beaucoup plus fortes.

LES COLONIES À PARIS

Cette photographie n'a pas été prise en Indochine, mais à Paris en mai 1931, lors de l'Exposition coloniale. Pour célébrer l'empire colonial français, le bois de Vincennes a été transformé en immense parc d'attractions sur près de 100 hectares, avec de multiples reconstitutions : pagodes laotiennes, huttes de bois africaines, pilotis tahitiens et - clou du spectacle ! - une reconstitution en plâtre et en bois du temple d'Angkor-Vat.

UNE SOCIÉTÉ AU PAS !

L'Italie fasciste est un régime totalitaire. La société italienne est embrigadée par une série d'organisations fascistes qui encadrent chaque Italien, de la naissance à la mort. L'adhésion à ces organisations devient obligatoire en 1937.

ÂGE	PRINCIPALES ORGANISATIONS FASCISTES	EFFECTIFS EN 1939
DE LA NAISSANCE À L'ÂGE DE 6 ANS	Intégration dans l'Œuvre de la mère et de l'enfant	Effectifs inconnus
DE 6 À 8 ANS	*Filli della Lupa* (Les Enfants de la Louve) En uniformes noirs, armés de fusils en bois, ils participent aux grandes cérémonies du régime. Certains montent la garde devant le palais de Mussolini.	1 546 389
DE 8 À 12 ANS	*Balillas* (pour les garçons)	1 746 560
DE 8 À 12 ANS	*Piccole italiane* (pour les filles)	1 622 766
DE 12 À 18 ANS	*Avanguardisti* (les Avangardistes) pour les garçons. Ils reçoivent une première formation militaire. Leur devise est : « Guerre, un mot qui ne nous fait pas peur »	906 785
DE 12 À 18 ANS	*Giovani italiane* (Les jeunes italiennes) pour les filles	441 254
DE 18 À 21 ANS	Jeunes fascistes	2 633 514
DE 18 À 21 ANS	Jeunes femmes fascistes	450 995
ÉTUDIANTS	Groupements universitaires fascistes (GUF)	105 883
ADULTES	*Fasci di Combattimento* (Faisceaux de combats). Ils portent un uniforme comprenant notamment la chemise noire, et suivent un entraînement militaire régulier. Leurs devises sont « Je m'en fous » et « Croire, obéir, combattre ».	2 633 514
ADULTES	Faisceaux féminins	774 181
ADULTES	*Opera Nazionale Doppolavoro* (Œuvre nationale du temps libre) : association organisant les loisirs des travailleurs.	3 832 248

Source : M. Palla, *Mussolini et l'Italie fasciste*, Casterman Giunti, 1993.

L'URSS DE STALINE

DES CHIFFRES TRAFIQUÉS

Staline n'hésite pas à truquer les données officielles, pour mettre en valeur sa politique économique, comme en témoignent ces statistiques de la production de blé entre 1933 et 1935.

	1933	1934	1935
PRODUCTION DE BLÉ **chiffres officiels**	**89,8** MILLIONS DE TONNES	**89,8** MILLIONS DE TONNES	**90** MILLIONS DE TONNES
PRODUCTION DE BLÉ **chiffres réels**	**69** MILLIONS DE TONNES	**65** MILLIONS DE TONNES	**77** MILLIONS DE TONNES

STAKHANOV, LA MYSTIFICATION

Le 31 août 1935, le mineur soviétique Alexeï Stakhanov serait parvenu à extraire 102 tonnes de charbon en un peu moins de six heures, dans la mine de Tsentralnaïa Irmino, dans le Donbass. C'est quatorze fois la production d'un ouvrier normal ! En septembre, il pulvérisera son record en extrayant 324 tonnes. Stakhanov est aussitôt transformé par le régime stalinien en héros du communisme et le stakhanovisme devient un véritable système d'émulation. Ce n'est que cinquante ans plus tard, que la mystification sera révélée : Stakhanov s'était fait aidé dans son travail par deux autres mineurs.

LA PROPAGANDE PAR L'IMAGE

Le petit père du peuple truque aussi les images officielles. Sur cette photographie datée de 1936, on peut voir Staline en compagnie, à sa droite, du maréchal Vorochilov et du président du Conseil des commissaires du peuple V. M. Molotov, et à sa gauche de Nicolai Iejov, le chef du NKVD, la police politique soviétique. Trois ans plus tard, la photographie officielle a été quelque peu modifiée : Iejov a disparu ! Entre-temps, en novembre 1938, il a été arrêté par Staline puis limogé, notamment en raison de sa personnalité incontrôlable.

LA SECONDE GUERRE MONDIALE

L'HONNEUR DES 80 PARLEMENTAIRES DE 1940 QUI ONT VOTÉ CONTRE PÉTAIN !

Le Parlement comptait à l'époque 846 membres. Le 10 juillet 1940, ils sont seulement 80 à voter courageusement contre le projet de loi constitutionnelle abrogeant la Constitution de la IIIe République.

Marcel Astier,
sénateur, Ardèche, radical-socialiste
Jean-Fernand Audeguil,
député, Gironde, socialiste SFIO
Vincent Auriol,
député, Haute-Garonne, socialiste SFIO
Alexandre Bachelet,
sénateur, Seine, socialiste SFIO
Vincent Badie,
député, Hérault, radical-socialiste
Camille Bedin,
député, Dordogne, socialiste SFIO
Émile Bender,
sénateur, Rhône, radical-socialiste
Jean Biondi,
député, Oise, socialiste SFIO
Léon Blum,
député, Aude, socialiste SFIO
Laurent Bonnevay,
député, Rhône, radical indépendant
Paul Boulet,
député, Hérault, gauche indépendante
Georges Bruguier,
sénateur, Gard, socialiste SFIO
Séraphin Buisset,
député, Isère, socialiste SFIO
Gaston Cabannes,
député, Gironde, socialiste SFIO
François Camel,
député, Ariège, socialiste SFIO
Pierre de Chambrun,
sénateur, Lozère, non inscrit
Auguste Champetier de Ribes,
énateur, Basses-Pyrénées, non inscrit
Pierre Chaumié,
sénateur, Lot-et-Garonne, radical-socialiste
Arthur Chaussy,
député, Seine-et-Marne, socialiste SFIO
Joseph Collomp,
député, Var, socialiste SFIO
Octave Crutel,
député, Seine-Inférieure, radical-socialiste
Achille Daroux,
député, Vendée, radical-socialiste
Maurice Delom-Sorbé,
député, Basses-Pyrénées, gauche indépendante
Joseph Depierre,
sénateur, Rhône, socialiste SFIO
Marx Dormoy,
sénateur, Allier, socialiste SFIO
Alfred Elmiger,
député, Rhône, gauche indépendante
Paul Fleurot,
sénateur, Seine, radical-socialiste
Émile Fouchard,
député, Seine-et-Marne, union populaire française
Édouard Froment,
député, Ardèche, socialiste SFIO
Paul Giaccobi,
sénateur, Corse, radical-socialiste

Justin Godart,
sénateur, Rhône, radical-socialiste
Félix Gouin,
député, Bouches-du-Rhône, socialiste SFIO
Henri Gout,
député, Aude, radical-socialiste
Louis Gros,
sénateur, Vaucluse, socialiste SFIO
Amédée Guy,
député, Haute-Savoie, socialiste SFIO
Jean Hennessy,
député, Alpes-Maritimes, gauche indépendante
Lucien Hussel,
député, Isère, socialiste SFIO
André Isoré,
député, Pas-de-Calais, radical-socialiste
Eugène Jardon,
député, Allier, union populaire française
Jean-Alexis Jaubert,
député, Corrèze, radical-socialiste
Claude Jordery,
député, Rhône, socialiste SFIO
François Labrousse,
sénateur, Corrèze, radical-socialiste
Albert Le Bail,
député, Finistère, radical-socialiste
Joseph Lecacheux,
député, Manche, radical indépendant
Victor Le Gorgeu,
sénateur, Finistère, radical-socialiste
Justin Luquot,
député, Gironde, socialiste SFIO
Augustin Malroux,
député, Tarn, socialiste SFIO
Gaston Manent,
député, Hautes-Pyrénées, radical-socialiste
Alfred Margaine,
député, Marne, radical-socialiste
Léon Martin,
député, Isère, socialiste SFIO
Robert Mauger,
député, Loir-et-Cher, socialiste SFIO
Jean Mendiondou,
député, Basses-Pyrénées, radical-socialiste
Jules Moch,
député, Hérault, socialiste SFIO
Maurice Montel,
député, Cantal, gauche indépendante
Léonel de Moustier,
député, Doubs, républicain indépendant
Marius Moutet,
député, Drôme, socialiste SFIO
René Nicod,
député, Ain, union populaire française
Louis Noguères,
député, Pyrénées-Orientales, socialiste SFIO
Jean Odin,
sénateur, Gironde, radical-socialiste
Joseph Paul-Boncour,
sénateur, Loir-et-Cher, radical-socialiste
Jean Perrot,
député, Finistère, radical-socialiste
Georges Pézières,
sénateur, Pyrénées-Orientales, socialiste SFIO
André Philip,
député, Rhône, socialiste SFIO
Marcel Plaisant,
sénateur, Cher, radical-socialiste
François Tanguy-Prigent,
député, Finistère, socialiste SFIO
Paul Ramadier,
député, Aveyron, non inscrit
Joseph-Paul Rambaud,
sénateur, Ariège, radical-socialiste
René Renout,
sénateur, Var, radical-socialiste
Léon Roche,
député, Haute-Vienne, socialiste SFIO
Camille Rolland,
sénateur, Rhône, radical-socialiste
Jean-Louis Rolland,
député, Finistère, socialiste SFIO
Joseph Rous, député,
Pyrénées-Orientales, socialiste SFIO
Jean-Emmanuel Roy,
député, Gironde, radical-socialiste
Henry Sénès,
sénateur, Var, socialiste SFIO
Philippe Serre,
député, Meurthe-et-Moselle, gauche indépendante
Paul Simon,
député, Finistère, démocrate populaire
Gaston Thiébaut,
député, Meuse, radical-socialiste
Isidore Thivrier,
député, Allier, socialiste SFIO
Pierre Trémintin,
député, Finistère, démocrate populaire
Michel Zunino,
député, Var, socialiste SFIO

TUER HITLER !

De 1921 à 1945, une quarantaine d'attentats sont commis contre Hitler.
En voici les principaux :

8 NOVEMBRE 1939

Johann Georg Elser, simple menuisier, veut à tout prix éviter la guerre. Il place une bombe à Munich où Hitler commémore chaque année sa tentative de putsch de 1923, et où il doit tenir un discours de 20 h 30 à 22 h 00. Elser règle le minuteur pour 21 h 20. Mais Hitler part à 21 h 07 pour ne pas manquer son train, car il n'est pas sûr de pouvoir utiliser son avion privé le lendemain, en raison d'un important brouillard. Il échappe donc à la détonation qui tue huit personnes. Elser est arrêté par la Gestapo puis interné à Dachau. Himmler ordonne l'exécution d'Elser, qui est fusillé le 9 avril 1945.

13 MARS 1943

Un plan est prévu pour abattre Hitler au QG de l'armée du centre. Mais celui-ci renonce au voyage au tout dernier moment. Un officier allemand, Henning von Tresckow, cache alors des explosifs dans des bouteilles de Cointreau qu'il place dans son avion. Mais le détonateur gèle en raison de l'altitude et du froid.

20 MARS 1943

Lors du passage en revue des prises de guerre soviétiques, le colonel von Gersdorff a prévu de se faire sauter, comme un kamikaze, avec une ceinture d'explosifs. Mais Hitler raccourcit la visite et la termine en une demi-heure. Le détonateur était réglé sur 45 minutes et Gersdorff doit le désamorcer dans les toilettes.

11 MARS 1944

Au « Nid d'aigle » de Berchtesgaden, doit se tenir une réunion à laquelle le capitaine von Breitenbuch, officier d'ordonnance du maréchal Busch, se rend avec une serviette bourrée d'explosifs. Alors que tout le monde est entré dans la salle de travail de Hitler, un SS l'empêche de pénétrer : «Aujourd'hui, la réunion se fait sans les ordonnances. »

20 JUILLET 1944

Claus Schenk Graf von Stauffenberg veut tuer Hitler en faisant exploser une bombe dans la « tanière des loups », le quartier général d'Hitler. Cependant, le 6 juillet 1944, ni Hitler ni Göring ne peuvent venir. Enfin se présente l'occasion tant attendue pour l'attentat : von Stauffenberg fait sauter la bombe dans le quartier général d'Hitler le 20 juillet 1944. Mais Hitler survit, et les conjurés sont exécutés.

QUELQUES ARMEMENTS FRANÇAIS DE LA SECONDE GUERRE MONDIALE...

LE CHAR B1 BIS (1939-1940)

Blindé lourd conçu dans les années 1930, le char B1 (et ses dérivés) est sans doute le meilleur char des débuts de la seconde guerre mondiale. Supérieur à la plupart des chars allemands de la campagne de France, mieux armé et mieux blindé, il est néanmoins beaucoup moins rapide et mobile. De plus, l'armée allemande saura beaucoup mieux utiliser ses blindés dans les Panzerdivisions. Le B1 bis reste pourtant un blindé d'exception qui est d'ailleurs utilisé, dès qu'ils le peuvent, par les Allemands. À titre d'exemple, le B1 bis *Jeanne d'Arc* encaisse 90 impacts avant d'être incendié par un coup de canon allemand de 88 mm.

Caractéristiques :

Équipage : 4 hommes

Longueur : 6,37 m Largeur : 2,46 m

Masse : 31,5 tonnes

Blindage : 60 mm au maximum

Armement principal : canon de 47 mm et obusier ABS 1929

Armement secondaire : deux mitrailleuses de 7,5 mm

Moteur : Renault de 6 cylindres en ligne (307 ch)

Vitesse sur route : 25 km/h

Autonomie : 130 km

DOMMAGES DE GUERRE

Guerre d'Indochine (1946-1954)

Pertes françaises de l'Union française estimées à 77 334 **tués au combat et disparus.**

Guerre du Viêtnam (1964-1975)

Pertes américaines estimées à **58 217 soldats tués.**

LE SOUS-MARIN *CASABIANCA*

Le *Casabianca* est un sous-marin de 1 500 tonnes de la même classe que *Le Redoutable*, premier de la série, lancé en 1931. Le *Casabianca* prend la mer en 1935 et connaît une histoire particulière puisqu'il devient une figure célèbre de la « France Libre ». Il rejoint en effet, grâce au commandant Lherminier, l'Afrique du Nord en 1942 et échappe au sabordage de Toulon. Il participe notamment à la libération de la Corse.

Caractéristiques :

Longueur : 92,3 m Largeur : 8,2 m Tirant d'eau : 4,7 m

Propulsion : 2 moteurs diésel Sulzer 9 cylindres et 2 moteurs électriques Alsthom

Vitesse : 17 nœuds en surface et 10 nœuds en plongée

Armement : onze tubes lance-torpilles, un canon de 100 mm, une mitrailleuse de 13,2 en kiosque

Équipage : 5 officiers et 79 hommes

DES CHARS ET DES CAMIONS EN CAOUTCHOUC !

Dans le cadre de la préparation du débarquement, les Alliés décident de mener, dès 1943, une vaste opération d'intoxication baptisée « Fortitude » (« Courage » en anglais). Il s'agit de faire croire aux Allemands à un débarquement dans le Pas-de-Calais. Pour rendre ce scénario plus réaliste, les Britanniques font évoluer près des côtes du Kent des leurres fabriqués par leurs soins, notamment ces chars et ces camions gonflables, qui trompent les avions de reconnaissance allemands. Cette diversion fonctionne : les Allemands concentrent leurs divisions dans le Pas-de-Calais. L'opération Overlord peut être lancée...

L'APRÈS-GUERRE

7 MAI 1954 : LE DÉSASTRE DE DIÊN BIÊN PHU

Depuis 1945, la France est engagée dans un conflit difficile contre les Vietnamiens communistes qui pratiquent la guérilla et reçoivent l'aide de l'URSS et de la Chine.
Le général Navarre, commandant les forces françaises en Indochine, imagine un plan visant à installer près de la frontière laotienne une véritable base aéroterrestre. Son idée est d'y piéger l'armée vietnamienne et de l'anéantir. Dès la fin novembre 1953, il masse 15 000 hommes dans la plaine de Diên Biên Phu. Mais cette cuvette est entourée de collines sur lesquelles les viêt-minhs réussissent à bout de bras à hisser de l'artillerie lourde. Les retranchements français ne sont pas suffisamment fortifiés, seule la terre est utilisée et on néglige totalement de construire des casemates en béton capables de résister aux canons ennemis. C'est pourtant dans de telles conditions que, pendant près de deux mois de combats acharnés, les parachutistes français vont résister à tous les assauts. Les terrains d'aviation sont bien vite inutilisables et les blessés ne sont plus évacués. La pluie incessante et la boue rendent les conditions de vie épouvantables. Le ravitaillement ne se fait plus que par parachutage. Les points d'appuis qui entourent le camp français tombent les uns après les autres. Les paras du colonel Bigeard réalisent des prouesses de bravoure mais la fin approche. Malgré cela, durant les deux derniers jours des combats, 400 volontaires acceptent d'être parachutés en renfort. Le 7 mai, à bout de force, le camp tombe aux mains des viêt-minhs. Les pertes françaises s'élèvent à 3 500 morts et disparus ainsi que 5 240 blessés. 11 000 hommes sont faits prisonniers. Ils vont être maltraités et humiliés. Seulement 3 290 reviendront vivants de ce long calvaire...
Le 20 juillet, la guerre d'Indochine prend fin avec la signature des accords de Genève par la France, les États-Unis, la Chine, la Grande-Bretagne, les représentants du Laos, du Cambodge et du Viêtnam.

LES ÉVÉNEMENTS DANS LE MONDE PENDANT CE TEMPS

1952 : Explosion de la première bombe à hydrogène mégatonnique (bombe H) américaine, dans le Pacifique. Un an plus tard, les Soviétiques disposent de la même arme. Le 8 février 1952, Élisabeth II monte sur le trône d'Angleterre après la mort de George VI, décédé deux jours auparavant.
1953 : Le 2 juin à Londres, Élisabeth II devient reine de Grande-Bretagne et d'Irlande. Elle est âgée de 27 ans et ne sait pas encore qu'elle entre dans le plus long règne de l'histoire de son pays.
1954 : La guerre d'Algérie éclate. Ce sont les événements de la Toussaint sanglante, 7 morts (dont l'instituteur Monnerot abattu froidement) et 14 blessés, qui marquent le début de l'insurrection algérienne.

L'EUROPE EN PLEIN BOULEVERSEMENT !

UN EXTRAORDINAIRE PONT AÉRIEN !

Le 24 juin 1948, Staline décide d'organiser le blocus de Berlin coupée en deux depuis la seconde guerre mondiale. Les lignes de chemins de fer, les canaux et les routes menant à la ville sont bloqués. La population de Berlin-Ouest se trouve complètement isolée. Les Américains et leurs alliés réagissent en mettant en place un gigantesque pont aérien entre la RFA et Berlin-Ouest, de juillet 1948 à mai 1949. Pendant 322 jours, ils vont acheminer près d'1,7 million de tonnes de charbon et de vivres jusqu'à ce que Staline lève le blocus le 12 mai 1949.

LA RECONSTRUCTION DE L'EUROPE

Le 5 juin 1947, à l'université de Harvard, le général Marshall, secrétaire d'État américain, présente un plan d'aide financière pour reconstruire l'Europe, mais aussi pour empêcher l'expansion du communisme sur ce continent. Cette aide consiste en dons, en prêts en dollars ou en livraison de matériel américain. Entre 1948 et 1952, les États-Unis vont ainsi consacrer 13 milliards de dollars aux pays européens (11,8 milliards de dollars sous la forme de dons et 1,2 milliard sous la forme de prêts). Cette offre d'aide est rejetée par l'URSS et les pays du bloc soviétique.

LES PRINCIPAUX BÉNÉFICIAIRES DU PLAN MARSHALL :

PAYS	AIDE ENTRE 1948 ET 1951
Grande-Bretagne	2 675 millions de dollars
France	2 060 millions de dollars
Allemagne de l'Ouest	1 174 millions de dollars
Italie	1 034 millions de dollars
Pays-Bas	893 millions de dollars
Belgique-Luxembourg	537 millions de dollars

UNE CONFÉRENCE DE PRESSE QUI VA CHANGER L'HISTOIRE !

Le 9 novembre 1989, le porte-parole du gouvernement est-allemand, Günter Schabowski, organise une conférence de presse : « Nous avons décidé aujourd'hui d'adopter une réglementation qui permet à chaque citoyen de la RDA de se rendre à l'étranger par les postes frontières est-allemands. Il est possible de faire une demande de voyage à l'étranger sans conditions préalables. Les autorisations seront accordées dans un délai bref. Il ne sera opposé de refus que dans des cas exceptionnels [...]. [Cette réglementation] prend effet, selon mes informations, immédiatement, sans délai. »

Dès que la nouvelle est connue, de nombreux Est-Berlinois se précipitent vers la frontière, persuadés qu'ils peuvent désormais franchir le Mur sans autorisation. Le symbole de la division de l'Allemagne est sur le point de tomber...

PAGE DE GAUCHE
Cette caricature de Curry renverse l'image du « bolchévik au couteau entre les dents », afin de tourner en ridicule les critiques adressées contre le plan Marshall.

LA CONSTRUCTION EUROPÉENNE

ÉTATS	DATE D'INTÉGRATION DANS LA COMMUNAUTÉ ÉCONOMIQUE EUROPÉENNE PUIS DANS L'UNION EUROPÉENNE
France	1957
RFA	1957
et 1990 pour l'Allemagne de l'Est	
Italie	1957
Belgique	1957
Pays-Bas	1957
Luxembourg	1957
Royaume-Uni	1973
Irlande	1973
Danemark	1973
Grèce	1981
Espagne	1986
Portugal	1986
Suède	1995
Finlande	1995
Autriche	1995
Chypre	2004
République tchèque	2004
Slovaquie	2004
Pologne	2004
Hongrie	2004
Slovénie	2004
Estonie	2004
Lituanie	2004
Lettonie	2004
Malte	2004
Roumanie	2007
Bulgarie	2007

LES LANGUES EUROPÉENNES DISPARUES OU EN VOIE D'EXTINCTION IMMÉDIATE

LANGUES	LOCALISATION	DATE DE DISPARITION
Bourtasse	Ukraine	Xe siècle
Iatwinge	Pologne	XIVe siècle
Couman	Hongrie	XVIe siècle
Yazyge	Hongrie	XVIe siècle
Khazar	Ukraine	XVIe siècle
Coure	Pays baltes	XVIe siècle
Borusse	Prusse	XVIIe siècle
Goth	Crimée (Ukraine)	XVIIe siècle
Polabe	Allemagne	XVIIIe siècle
Cornique	Cornouailles	XVIIIe siècle
Ragusain	Région de Dubrovnik (Croatie)	XVIIIe siècle
Vegliote	Île de Krk (Croatie)	XIXe siècle
Slovince	Pologne	XXe siècle
Vote	Carélie (Russie)	XXe siècle
Tchoude	Carélie (Russie)	XXe siècle
Mannois	Île de Man	XXe siècle

LANGUES EN VOIE D'EXTINCTION IMMÉDIATE	LOCALISATION	NOMBRE DE LOCUTEURS DANS LES ANNÉES 1990
Ingre et ijortse	Pays baltes	302
Karaïme	Ukraine	503
Krimchak	Crimée	505
Live	Pays baltes	99

Source : R.Breton, *Atlas des langues du monde*, Autrement, 2003.

LES TSIGANES EN EUROPE

PAYS	COMMUNAUTÉ TSIGANE
France	Bohémiens Romanichels Manouches Caraques
Allemagne	Zigeuner Rommanes Sinte
Espagne	Gitans Tsiganes
Portugal	Calaos
Grande-Bretagne	Romnimas Romenes
Irlande	Travellers
Italie	Manouches
Roumanie	Romani Cigani Agundzi
Bulgarie	Arlijadzambari
Grèce	Grekuja Ghagar Tsingani
Ukraine	Lovari Ulax Kalderach Tsiganes
Pologne	Romani Manouche
République tchèque	Bushaldo
Hongrie	Omungre
Albanie	Arlijadzambazi

LES PRINCIPALES PUISSANCES MILITAIRES EN 2006

PAYS	BUDGET MILITAIRE (EN MILLIONS DE $ US)	EFFECTIFS MILITAIRES (EN MILLIERS)
États-Unis	535 943	1 498
Chine	121 872	2 105
Russie	70 000	1 027
Japon	41 144	240
Europe		
Royaume-Uni	55 444	181
France	54 003	255
Allemagne	37 775	246
Italie	30 635	186

Source : M. Vaïsse, *La puissance ou l'influence ? La France dans le monde depuis 1958*, Fayard, 2009.

L'ÉCLATEMENT DE LA YOUGOSLAVIE

LES PEUPLES DE LA YOUGOSLAVIE

PEUPLES	PART DE LA POPULATION TOTALE EN 1990
Serbes	36,2 %
Croates	19,6 %
Musulmans	9,8 %
Albanais	9,1 %
Slovènes	7,3 %
Macédoniens	5,6 %
Yougoslaves	2,9 %
Hongrois	1,4 %
Autres*	8,1 %

*(Bulgares, Turcs, Roumains, Monténégrins, Tchèques, Slovaques, Italiens…)

LES INDÉPENDANCES

ÉTATS	DATE D'INDÉPENDANCE
Croatie	1991
Slovénie	1991
Macédoine	1991
Bosnie-Herzégovine	1992
Monténégro	2006
Kosovo*	2008

*(État non reconnu par un ensemble de pays, notamment la Serbie, la Russie et la Chine)

LA TRANSFORMATION DU MONDE

LE PREMIER ORDINATEUR !

En 1946, les ingénieurs américains Presper Eckert et John William Mauchly mettent au point l'ENIAC (Electronic Numerical Integrator and Computer), une machine capable d'effectuer 330 opérations à la seconde. Ils répondent ainsi à une commande passée quatre ans plus tôt par l'armée américaine. Ainsi naît le premier ordinateur électronique universel.

La machine est imposante avec ses 19 000 tubes électroniques, ses 7 000 diodes et ses 10 000 condensateurs. Elle occupe une salle de plus de 130 m² pour un poids de 30 tonnes.

LES TAUX DE CHÔMAGE

(en pourcentage de la population active)

	ANNÉES 1950	ANNÉES 1960
France	1,9 %	1,6 %
Grande-Bretagne	2,5 %	2,7 %
Italie	7,2 %	4,3 %
RFA	5 %	0,8 %
États-Unis	4,4 %	4,7 %
Japon	2 %	1,3 %

INCROYABLES CORÉENS !

À la sortie d'une terrible guerre civile de 1949-1953, la Corée du Sud réussit un incroyable décollage économique.

Le PIB de la Corée en 1953 était comparable à celui de Madagascar ou du Cameroun, moins de 200 $ par habitant. En 2008, il atteint 20 000 $ par habitant et avoisine celui de l'Espagne. La Corée du Sud est devenue la 13ᵉ puissance économique mondiale, avec un PIB de près de 900 milliards de dollars.

LA CROISSANCE MONDIALE

ÉTATS	TAUX DE CROISSANCE ENTRE 1958 ET 1974
France	137 %
RFA	133 %
États-Unis	116 %
Royaume-Uni	57 %
Italie	201 %
Japon	565 %

LES FAMINES N'ONT PAS DISPARU AU XXE SIÈCLE...

Les famines « politiques » provoquées par les régimes communistes ont fait des millions de victimes. Suivant les chiffres les plus bas de sources soviétiques, 11 millions de paysans seraient morts en URSS entre 1930 et 1937, victimes essentiellement des famines résultant de la nouvelle politique économique du régime. Des recherches américaines évaluent même à 8 millions de morts la famine de 1932-1933 pour la seule Ukraine. La Chine connaît avec Mao et sa politique du « Grand Bond en avant » la même catastrophe alimentaire avec des chiffres situés entre 35 et 60 millions de morts, un record absolu dans l'histoire...

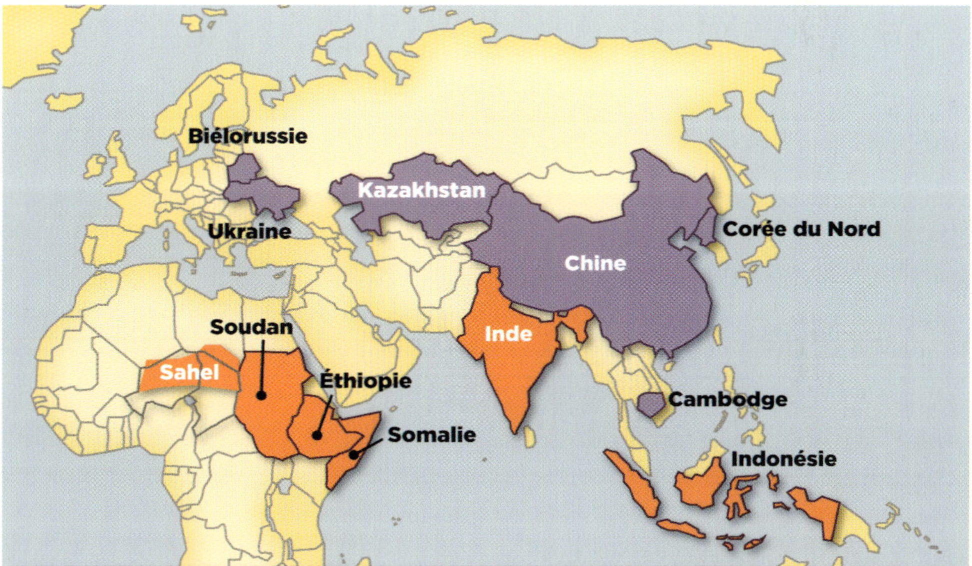

FAMINE POLITIQUE

1921-1922 : URSS (Volga, Ukraine, Kazakhstan) - **5 à 6 millions de morts**
1932-1933 : URSS (Ukraine, Kazakhstan) - **3 à 8 millions de morts**
1947 : URSS (Ukraine, Biélorussie) - **3 à 8 millions de morts**
1959-1961 : CHINE - **35 à 60 millions de morts**
1975-1979 : CAMBODGE - **1 à 2 millions de morts**
1995-1999 : CORÉE DU NORD - **1,5 à 3 millions de morts**

AUTRES CAUSES

1943 : INDE (Bengale) - **1 million de morts**
1973-1974 et 1988-1989 : SAHEL - **200 000 morts**
1975 : INDONÉSIE (Timor) - **500 000 morts**
1984-1985 : ÉTHIOPIE - **400 000 morts**
1988-1989 et 1992-1993 : SOUDAN - **1 million de morts**
1991-1992 : SOMALIE - **1 million de morts**

LES COURS DU PÉTROLE DE 1900 À 2000

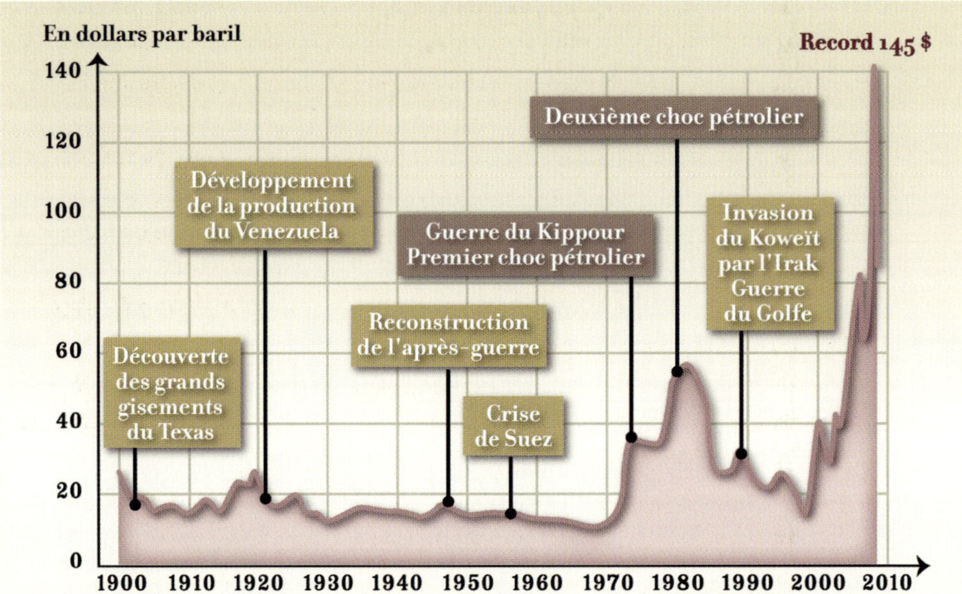

UN MARCHÉ FLORISSANT : LES VENTES D'ARMES !

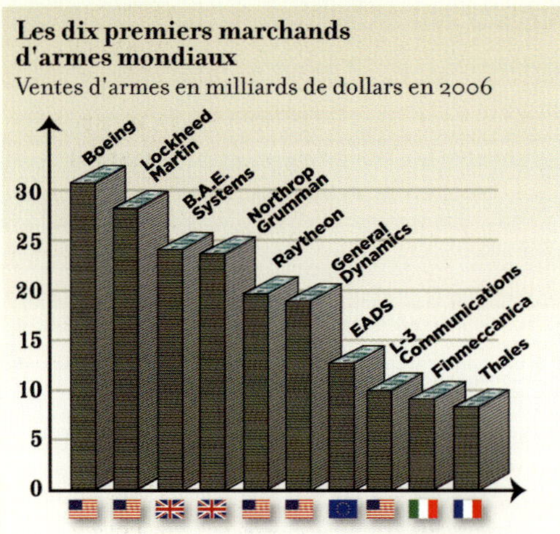

Source : Sipri Yourbook 2008.

DES AGGLOMÉRATIONS TENTACULAIRES !

LES DIX PLUS GRANDES AGGLOMÉRATIONS DU MONDE EN 2009 (ESTIMATIONS)

Tokyo	**37 468 000**
New York	25 933 000
Mexico	23 293 783
Séoul	22 596 020
Mumbay	21 347 412
Sao Paulo	20 218 868
Manille	19 195 048
Delhi	18 639 762
Djakarta	18 588 548
Los Angeles	18 584 159

LA TORTURE AUJOURD'HUI

Quatre mémos rédigés entre 2002 et 2005 à l'attention du directeur juridique de la CIA et rendus publics par Barack Obama justifient les sévices légalement infligés aux membres présumés d'Al-Qaida, tout en respectant soit-disant la Déclaration universelle des droits de l'homme. En voici le résumé :

- **La gifle ne serait pas une torture, si elle est appliquée entre « l'extrémité du menton et le bas du lobe de l'oreille ».**
- **La privation de sommeil pendant onze jours ne le serait pas non plus, puisqu'elle est entrecoupée de périodes de repos.**
- **Jeter un homme contre un mur serait légal, sous réserve que la cloison soit « flexible » et que la tête et le cou soient « protégés par une serviette ».**
- **La simulation de noyade ne saurait être hors-la-loi, puisqu'elle est pratiquée avec une solution saline, afin de maintenir le taux de sodium dans le sang, et après l'ingestion préalable d'aliments liquides.**
- **Prendre un homme à la gorge avec les mains pour lui immobiliser le visage serait possible à la condition de garder les pouces « loin des yeux ».**

DES VILLES TOUJOURS PLUS GRANDES !

L'évolution de quelques grandes villes entre 1800 et 2008 (hors agglomération)

VILLE/ANNÉE	1800	1900	1940	1981	2008
LONDRES	959 000	6 581 000	8 700 000	6 849 000	7 684 700
TOKYO	800 000	1 819 000	6 779 000	8 335 000	12 907 189
PÉKIN	700 000	1 000 000	1 556 000	9 230 000	7 500 000
CONSTANTINOPLE puis ISTANBUL	600 000	1 106 000	741 000	3 034 000	12 573 836
PARIS	547 000	2 714 000	2 725 000	2 176 000	2 181 371
NAPLES	437 000	564 000	920 000	1.219 000	1 004 500
MOSCOU	250 000	1 039 000	4 137 000	8 184 000	10 220 000
AMSTERDAM	201 000	511 000	794 000	955 000	741 329
MADRID	160 000	540 000	1 048 000	3 159 000	3 233 054
ROME	153 000	463 000	1 280 000	2 916 000	2 718 766
VARSOVIE	100 000	638 000	1 261 000	1 611 000	1 706 624
NEW YORK	79 000	3 437 000	7 455 000	7 071 000	8 363 710
RIO DE JANEIRO	43 000	811 000	1 711 000	5 093 000	6 093 472
BUENOS AIRES	40 000	821 000	2 389 000	2 908 000	14 115 412
ATHÈNES	12 000	132 000	487 000	885 000	745 514
STOCKHOLM	6 000	301 000	557 000	647 000	810 120

LA FRANCE : DÉCLIN OU CROISSANCE ?

1956 : FIN DE LA FRANCE COMME GRANDE PUISSANCE

Avec l'humiliation du « coup de Suez », la France n'est plus qu'une puissance secondaire. Depuis 1888, le canal de Suez était déclaré neutre, ouvert et libre d'accès. Mais le 26 juillet 1956, le président égyptien Nasser annonce la nationalisation de cet axe stratégique. À l'aube du 5 novembre, des parachutistes français et britanniques sont largués au-dessus du canal de Suez. Les premiers doivent s'emparer de Port-Fouad pendant que les seconds occuperont Port-Saïd, afin de contrôler tout le canal jusqu'à Suez. Cette opération est une réponse à la décision de Nasser qui, selon Paris et Londres, remet en question la liberté commerciale entre la Méditerranée et la mer Rouge. Les Français et les Britanniques préparent une expédition conjointe en Égypte, avant de négocier avec Israël, lors de la réunion secrète de Sèvres en octobre 1956. On s'accorde sur une offensive combinée, d'abord une attaque israélienne, un ultimatum franco-britannique à Israël et à l'Égypte, puis une opération de parachutistes français et britanniques. Le 29 octobre, des parachutistes israéliens sont largués sur le Sinaï. Le lendemain, l'ultimatum est accepté par Israël mais refusé par l'Égypte. Pendant six jours, une escadre franco-britannique bombarde les aérodromes égyptiens, pour préparer le parachutage du 5 novembre. Sur le terrain, les parachutistes parviennent à s'emparer de Port-Fouad et de Port-Saïd, au terme de violents combats qui feront 11 morts du côté français, 22 du côté britannique et beaucoup plus parmi les Égyptiens. S'ils avancent vers El-Kantara, leur action est paralysée par un véritable renversement diplomatique. Dans la nuit du 5 au 6, l'URSS, alliée de l'Égypte, menace de représailles nucléaires les assaillants. Après quelques heures d'hésitation, les Britanniques puis les Français cèdent et acceptent un cessez-le-feu, abandonnant ainsi l'opération sur le canal. C'est une véritable humiliation qui démontre la perte de puissance de ces deux États européens sur la scène internationale.

L'ÉVOLUTION DES SALAIRES

(base 100 en 1955)

	1955	1960	1967	1970
Salaire minimum	100	130	171	276
Gains hebdomadaires des ouvriers	100	160	256	353
Gains mensuels des employés	100	157	262	350
Gains mensuels des techniciens et agents de maîtrise	100	160	256	336
Gains mensuels des cadres sup.	100	169	290	376
Traitement des fonctionnaires	100	150	237	310

Source : Conseil de l'Emploi, des Revenus et de la Cohésion sociale (CERC), cité *in* S. Berstein, *La France de l'expansion*, tome II : *L'expansion et l'impuissance 1952-1958*, « Nouvelle histoire de la France contemporaine », 1983.

LES TRENTE GLORIEUSES

Évolutions démographiques

Population (en million d'habitants)

1954	1962	1975
43,7	46,4	52,6

Taux de mortalité infantile (en pour mille)

1954	1962	1975
40,8	25,7	13,8

Évolution de l'équipement des ménages

	1954	1962	1975
Lave-linge	8,4 %	29 %	66 %
Automobile	20 %	30 %	72 %
Réfrigérateur	7,5 %	30,5 %	86,8 %
Téléviseur	1 %	19 %	80 %
Aspirateur	7,5 %	32 %	60 %

DES FRANÇAIS DE PLUS EN PLUS GRANDS...

« En un siècle, les hommes ont grandi de 11 cm et les femmes de 8 cm. [...]
Si la femme française moyenne mesure 162,5 cm, la stature moyenne des Miss France de l'élection 2006 était de 176,4 cm.
La population adulte française (15 ans et plus) est pour 26 % en surpoids et 8,3 % en obésité.
Le surpoids est observé plus majoritairement chez les hommes (1 sur 3) que chez les femmes (1 sur 4).
La taille commerciale la plus observée chez les femmes est le 40 (20,6 %), suivi du 42 (16,66 %).
Le plus grand pied mesuré atteint 29,6 cm chez les femmes et 32,3 cm chez les hommes.
Le plus petit pied mesuré atteint 19,6 cm chez les femmes et 20,6 cm chez les hommes. [...]
Le tour de tête des adultes varie entre 48,5 cm et 65 cm.
La plus petite main mesure 10,7 cm et la plus grande 26,1 cm.
Les hommes et les femmes sont plus grands dans le Nord-Est (respectivement 176,4 cm et 163,1 cm) que dans les autres régions (175,6 cm et 132,5 cm). »

Chiffres mesurés lors de la campagne nationale de mensuration, rapport de l'Institut français du Textile et de l'Habillement, 2006.

UNE IVᴱ RÉPUBLIQUE TRÈS INSTABLE

PRÉSIDENT DE LA RÉPUBLIQUE	MANDAT
Vincent Auriol	16 janvier 1947-16 janvier 1954

PRÉSIDENT DU CONSEIL	DÉBUT ET FIN DU GOUVERNEMENT
Paul Ramadier	22 janvier 1947-21 octobre 1947
Paul Ramadier	22 octobre 1947-19 novembre 1947
Robert Schuman	24 novembre 1947-19 juillet 1948
André Marie	26 juillet 1948-27 août 1948
Robert Schuman	5 septembre 1948-7 septembre 1948
Henri Queuille	11 septembre 1948-5 octobre 1949
Georges Bidault	28 octobre 1949-7 février 1950
Georges Bidault	7 février 1950-24 juin 1950
Henri Queuille	2 juillet 1950-4 juillet 1950
René Pleven	12 juillet 1950-28 février 1951
Henri Queuille	10 mars 1951-10 juillet 1951
René Pleven	11 août 1951-7 janvier 1952
Edgar Faure	20 janvier 1952-28 février 1952
René Mayer	8 janvier 1953-21 mai 1953
Joseph Laniel	27 juin 1953-16 janvier 1954

PRÉSIDENT DE LA RÉPUBLIQUE	MANDAT
René Coty	16 janvier 1954-8 janvier 1959

PRÉSIDENT DU CONSEIL	DÉBUT ET FIN DU GOUVERNEMENT
Joseph Laniel	16 janvier 1954-12 juin 1954
Pierre Mendès France	18 juin 1954-23 février 1955
Edgar Faure	23 mars 1955-24 janvier 1956
Guy Mollet	31 janvier 1956-21 mai 1957
Maurice Bourgès-Maunoury	12 juin 1957-30 septembre 1957
Félix Gaillard	6 novembre 1957-15 avril 1958
Pierre Pflimlin	13 mai 1958-28 mai 1958
Charles de Gaulle	1ᵉʳ juin 1958-8 janvier 1959

GRANDEUR ET DÉCLIN DU PARTI COMMUNISTE FRANÇAIS À TRAVERS QUELQUES ÉLECTIONS DE 1946 À 2002

Élections législatives du 10 novembre 1946 : le PCF avec 28,2 % est le premier parti politique en France. Il obtient 182 députés.

Élections législatives du 23 novembre 1958 : le PCF obtient 19,2 % des voix. Le maintien des candidats socialistes au 2ᵉ tour provoque un effondrement à 10 députés du PCF.

Élections législatives du 23 juin 1968 : le PCF, avec 20 % des voix, n'obtient que 34 députés.

Élections législatives du 12 mars 1978 : le PCF avec 20,6 % des voix est devancé pour la première fois par le PS. Il obtient 86 députés.

Élections législatives du 5 juin 1988 : le PCF, avec 11,3 % des voix, est devancé pour la deuxième fois par le PS. Le PCF n'obtient plus que 27 députés.

Élections législatives du 25 mai 1997 : Avec 9,9 % des voix, le PCF augmente son nombre de députés à 37.

Élections législatives du 9 juin 2002 : avec 4,9 % des voix, le PCF obtient son score le plus bas depuis 47 ans. Il poursuit son effondrement et ne rassemble plus que 21 députés.

QUELQUES SLOGANS DE MAI 1968

« Comment peut-on penser librement à l'ombre d'une chapelle ? »

« Cours, camarade, le vieux monde est derrière toi »

« La volonté générale contre la volonté du général ! »

« Nous sommes tous des Juifs et des Allemands ! »

« Etes-vous des consommateurs ou des participants ? »

« Je ne veux pas perdre ma vie à la gagner »

« L'IMAGINATION AU POUVOIR ! »

« LA POLICE AVEC NOUS ! »

« Ce n'est qu'un début, continuons le combat ! »

« NOUS SOMMES TOUS DES ENRAGÉS ! »

« Mur blanc = peuple muet »

« Elections, piège à cons ! »

« NON À L'ETAT POLICIER ! »

« Vivre sans temps mort et jouir sans entrave »

« Soyons réalistes, demandons l'impossible »

« Fermons la télé, ouvrons les yeux. »

« FAITES L'AMOUR PAS LA GUERRE ! »

« Tout est politique »

« Jouissez sans entraves »

« Prenons nos désirs pour des réalités ! »

« La beauté est dans la rue »

« MÉTRO-BOULOT-DODO »

« SOUS LES PAVÉS, LA PLAGE ! »

« La police vous parle tous les soirs à 20 h »

« On ne peut plus dormir tranquille lorsqu'on a une fois ouvert les yeux »

« Quand les parents votent, les enfants trinquent »

« IL EST INTERDIT D'INTERDIRE ! »

« Tout pouvoir corrompt, le pouvoir absolu corrompt absolument »

« On ne tombe pas amoureux d'un taux de croissance »

« La Sorbonne est à nous ! »

« LES MURS ONT DES OREILLES. VOS OREILLES ONT DES MURS »

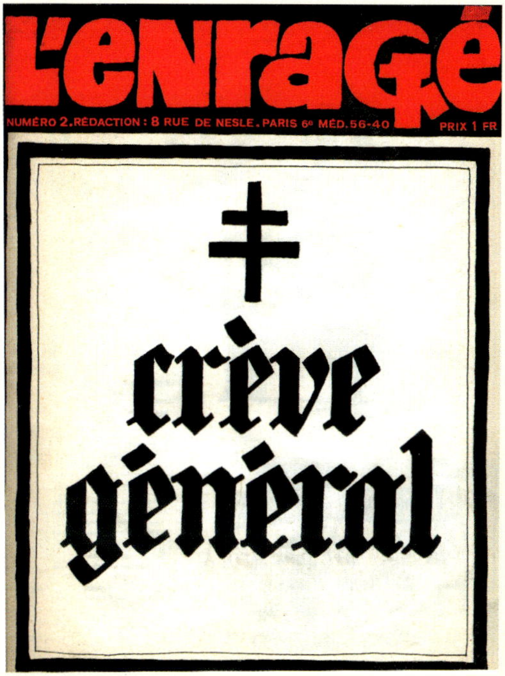

LES SUCCÈS DE L'ARMEMENT FRANÇAIS

Le Mirage F1

Cet avion intercepteur a été conçu et construit en France par Dassault Aviation. Il se distingue des autres mirages par l'utilisation d'une aile en flèche au lieu d'une aile delta. Mis en service en 1973, il a été construit à plus de 700 exemplaires et est utilisé par 11 pays différents. Il a représenté les couleurs de la France au Tchad, durant la guerre du Golfe et en Afghanistan.

Caractéristiques :
Envergure : 8,44 m
Longueur : 15,33 m
Hauteur : 4,50 m
Masse à vide : 7 400 kg
Vitesse maximale : mach 2,2
Plafond : 20 000 m
Vitesse ascensionnelle : 12 780 m/min
Distance franchissable : 475 km
Armement : deux canons de 30 mm et 6 300 kg de charge (missiles air-air, bombes, roquettes, etc.)

Petit mais fameux le fusil d'assaut : FAMAS

Le fusil d'assaut de la manufacture de Saint-Étienne, le FAMAS, est présenté en 1973 et adopté par l'armée française en 1979. Surnommé « le clairon », plusieurs de ses modèles sont mis en circulation. Il est un des plus petits fusils d'assaut du monde et sans doute l'un des plus performants. Il a été utilisé notamment au Tchad et au Liban.

Caractéristiques :
Cadence de tir : 900 à 1 000 coups / min pour le modèle F1, jusqu'à 1 100 coups / min pour le modèle G2.
Portée maximale : 3 200 m - Masse : 3,780 kg
Longueur du canon : 488 mm - Calibre : 5,56 x 45 mm
Bipied pour le tir couché
Possibilité de tirer des grenades

Le porte-avions *CLEMENCEAU* a parcouru 48 fois le tour du globe !

À la fin des années 1950, la marine française est dotée de deux porte-avions : le *Clemenceau* et le *Foch* . Le *Clemenceau* prend la mer pour la première fois le 21 décembre 1957. Il est la colonne vertébrale de la marine française pendant presque 40 ans et participe à toutes les opérations militaires françaises. Il est surnommé « le Clem » par tous les marins. Il est désarmé le 1er octobre 1997 après avoir parcouru près d'un million de milles nautiques soit 48 fois le tour du globe.

Caractéristiques :
Longueur : 265 m
Largeur: 51,20 m
Tirant d'eau : 8,60 m
Vitesse : 32 nœuds
Armement : cinq mitrailleuses de 12,7 mm, huit canons de 100 mm, puis en 1985, quatre d'entre eux sont remplacés par quatre SACP Crotale avec 52 missiles.
Capacités : 40 avions
Équipage : 1 920 hommes

AMOUR ET POLITIQUE

LES ÉPOUSES DES PRÉSIDENTS DE LA V^E RÉPUBLIQUE

Yvonne de Gaulle-Vendroux (1900-1979)
épouse de Charles de Gaulle (1959-1969), mariée en 1921.

Claude Pompidou-Cahour (1912-2007)
épouse de Georges Pompidou (1969-1974), mariée en 1935.

Anne-Aymone Giscard d'Estaing-Sauvage de Brantes (1933- ?)
épouse de Valery Giscard d'Estaing (1974-1981), mariée en 1952.

Danielle Mitterrand-Gouze (1924- ?)
épouse de François Mitterrand (1981-1995), mariée en 1944.

Bernadette Chirac-Chodron de Courcel (1933- ?)
épouse de Jacques Chirac (1995-2007), mariée en 1956.

Cécilia Sarkozy-Ciganer-Albeniz (1957- ?),
épouse de Nicolas Sarkozy (2007- ?), mariée de 1996 à 2007.

Carla Sarkozy-Bruni Tedeschi (1967- ?),
épouse de Nicolas Sarkozy (2007- ?), mariée en 2008.

LA VIE SENTIMENTALE DES PRÉSIDENTS FRANÇAIS

Depuis 1848, tous les présidents de la République française ont été mariés avant, pendant et après l'exercice de leurs fonctions, à quatre exceptions près :

Louis Napoléon Bonaparte, premier président de la République, n'épousera Eugénie de Montijo, les 29 et 30 janvier 1853, qu'après le rétablissement de l'Empire, le 2 décembre 1852.

Gaston Doumergue (1924-1931), marié au cours de son mandat en 1931.

René Coty (1954-1959), son épouse Germaine décède dès novembre 1955

Nicolas Sarkozy, cinq mois après le début de son mandat, épouse Carla Bruni en 2008.

ANECDOTES À L'ÉLYSÉE

Du président de Gaulle à Giscard d'Estaing, tous les matins à 8 heures un coup de clairon accompagne la levée du drapeau. • Vincent Auriol rivalise d'efforts pour transmettre l'Élysée à son successeur, René Coty, en 1954. Sept ans plus tôt, sa propre investiture l'avait considérablement déçu et il avait alors pris la résolution suivante : « Si j'arrive au terme de mon mandat, je ferai procéder à l'investiture du chef de l'État avec toute la solennité et l'éclat dus à l'autorité suprême de la nation. » « Je suis entré ici en parvenu, aurait-il déclaré. Je veux que mon successeur y pénètre en roi. » Lui-même en sort, avec son épouse, dans leur très démocratique 2 CV. • La protection personnelle et immédiate du chef de l'État au sein des résidences présidentielles est opérée par le service des équipes de sécurité rapprochée : gardes républicains issus du 1er régiment d'infanterie mais aussi par des militaires des armées et quelques membres du personnel civil du ministère de la Défense.• Valéry Giscard d'Estaing songe à installer la présidence à l'École militaire, puis François Mitterrand tente de la transférer aux Invalides. Plus récemment, un bruit court selon lequel Nicolas Sarkozy envisagerait à nouveau l'École militaire. Du 17 mai 1995, date de son installation, au 31 décembre 2003, le président Chirac a reçu 2 272 874 courriers (courriers postaux et électroniques).• Pour la cérémonie d'installation du nouveau président de la République, 21 coups de canon sont tirés aux Invalides. On lui remet le collier de Grand maître de l'ordre de la Légion d'honneur.

PAGE DE GAUCHE
Cette carte postale touristique rappelle que le président de la République Armand Fallières (1906-1913) et son épouse Jeanne sont tous les deux originaires du Lot-et-Garonne et qu'ils possèdent une résidence dans ce département.

LES PRINCIPALES MAÎTRESSES DE JOHN F. KENNEDY

John F. Kennedy est un grand collectionneur de femmes et sa vie sexuelle a suscité rumeurs et légendes. À tel point que la liste de ses maîtresses est difficile – voire impossible – à tenir avec certitude. Voici ses principales compagnes, pour la plupart des actrices hollywoodiennes.

NOM	PROFESSION
Inga Arvad	Journaliste
Gene Tierney	Actrice
Durie Malcolm	Sans emploi
Jayne Mansfield	Actrice
Jacqueline Lee Bouvier	Journaliste, mariée à J. F. K. le 12 septembre 1953.
Judith Campbell	Sans emploi
Sonja Henie	Patineuse et actrice
Marlene Dietrich	Actrice et chanteuse
Lee Remick	Actrice
Norma Shearer	Actrice
Blaze Starr	Actrice
Mary Pinchot-Meyer	Journaliste
Marilyn Monroe	Actrice et chanteuse
Ellen Romesch	Espionne est-allemande
Mimi Beardsley Alfort	Secrétaire à la Maison-Blanche

LES PLUS GRANDS EUROPÉENS

LES 52 PLUS GRANDS FRANÇAIS

Qu'il s'agisse d'hommes politiques, d'hommes de guerre mais aussi d'artistes, écrivains, scientifiques les plus internationalement connus, voici une cinquantaine de Français qui ont bouleversé, par leur action ou leur découverte, l'histoire au sens large du terme. Il ne s'agit pas d'établir une hiérarchie artificielle et forcément subjective entre ces personnages qui se sont illustrés dans des domaines différents. Toutefois, il nous a semblé que la réputation internationale, la place que ces hommes occupent dans les livres d'histoire étrangers, ainsi que 5 sondages et enquêtes d'opinion, sont des indicateurs intéressants et suffisants. Le dernier en date de l'institut BVA en 2004, le 2e en 1999 de l'institut CSA et les 2 enquêtes de l'IFOP de 1948 et 1949 ainsi qu'un sondage réalisé par le magazine *Histoire* en 1980. En croisant ces différentes données nous arrivons au palmarès ci -dessous. Il prouve une nouvelle fois l'attachement des Français à leur longue histoire : le grand-père de l'Europe Charlemagne (7e) et le Roi Soleil Louis XIV (5e)…

1 : Charles de Gaulle
2 : Napoléon
3 : Louis Pasteur
4 : Marie Curie
5 : Louis XIV
6 : Victor Hugo
7 : Charlemagne
8 : Molière
9 : Henri IV
10 : Jean Jaurès
11 : Jeanne D'Arc
12 : Jules Verne
13 : Jean Moulin
14 : Émile Zola
15 : François Mitterrand
16 : Général Leclerc
17 : Gustave Eiffel
18 : Jean de la Fontaine
19 : Georges Clemenceau
20 : Jules Ferry
21 : Voltaire
2 : François Ier
23 : Pierre Mendès France
24 : Marie-Antoinette
25 : Vercingétorix
26 : Léon Blum
27 : Richelieu
28 : Colbert
29 : Louis XI
30 : Robespierre
31 : Saint Louis
32 : Clovis
33 : Danton
34 : Louis Lumière
35 : Philippe IV le Bel
36 : Maurice Ravel
37 : Georges Pompidou
38 : Albert Camus
39 : Guy de Maupassant
40 : Alexandre Dumas
41 : Honoré de Balzac
42 : Jean-Jacques Rousseau
43 : Claude Monet
44 : Pierre-Auguste Renoir
45 : Charles Baudelaire
46 : Corneille
47 : Arthur Rimbaud
48: Jean Cocteau
49 : Pierre de Coubertin
50 : Jean-Paul Sartre
51 : Jacques Chirac
52 : Jean Renoir

LES 10 PLUS GRANDS BRITANNIQUES

Le Premier ministre Winston Churchill, l'incarnation de la ténacité et du courage britannique durant la seconde guerre mondiale, semble être indétrônable. Il arrive loin devant un illustre inconnu pour nous Français (Brunel).

1 : Winston Churchill
2 : Isambard K. Brunel
3 : Lady Diana
4 : Charles Darwin
5 : William Shakespeare
6 : Isaac Newton
7 : Queen Elizabeth I
8 : John Lennon
9 : Horatio Nelson
10 : Oliver Cromwell

LES 10 PLUS GRANDS ALLEMANDS

1 : Konrad Adenauer
2 : Karl Marx
3 : Albert Einstein
4 : Johann Sebastian Bach
5 : Johann Wolfgang von Goethe
6 : Johannes Gutenberg
7 : Martin Luther
8 : Willy Brandt
9 : Otto von Bismarck
10 : Hans et Sophie Scholl

KONRAD ADENAUER

Le premier chancelier de la République fédérale allemande arrive largement en tête. Toutefois on peut s'étonner, vue de France, de la popularité toujours importante du chancelier Otto Von Bismarck, unificateur de l'Allemagne. Le chancelier de fer est pourtant considéré comme le responsable de guerre de 1870 et de la militarisation de la société allemande…

ISAMBARD K. BRUNEL

Ingénieur britannique du XIXe siècle, qui a révolutionné les transports publics. Il est célèbre pour avoir réalisé, entre autres, le grand chemin de fer de l'Ouest, la ligne Londres-Bristol.

WINSTON CHURCHILL

LE PLUS ILLUSTRE DES BRITANNIQUES (1874-1965)

LE 30 NOVEMBRE 1874, Winston Leonard Spencer-Churchill voit le jour au château de Blenheim, près d'Oxford. Il est le fils de Lord Randolph, 7e duc de Marlborough. Mais surtout, il descend en ligne directe de John Churchill, premier duc de Marlborough, l'un des plus brillants généraux de toute l'histoire britannique.

De l'âge de 15 ans à 19 ans, il fait l'école militaire de Sandhurst et devient officier de cavalerie.

Dès l'âge de 20 ans, il est journaliste de guerre à Cuba, en Inde, en Égypte et surtout en Afrique du Sud pendant la guerre des Boers.

Il est élu député conservateur en 1900.

À 34 ans, il est ministre du Commerce et de l'Industrie dans le gouvernement Asquith. Il fait passer des lois sociales limitant les journées de travail des mineurs et taxant les plus riches.

EN 1910, il est ministre de l'Intérieur.

DE 1932 À 1939, il fait partie de l'opposition. Face au réarmement de l'Allemagne nazie, ses constants avertissements sont systématiquement ignorés.

EN SEPTEMBRE 1938, Churchill condamne les accords de Munich, signés en 1938 avec Hitler, par sa fameuse phrase contre Neville Chamberlain : « Vous aviez à choisir entre la guerre et le déshonneur ; vous avez choisi le déshonneur et vous aurez la guerre. »

LE 10 MAI 1940, Churchill accède au poste de Premier ministre en mai 1940. Là, il s'avère être l'homme de la situation et déclare aux Anglais stupéfaits : « Je n'ai rien à offrir que du sang, de la sueur et des larmes. »

LES GRANDES RELIGIONS

NOMBRE DE CROYANTS EN FRANCE

JUDAÏSME	CHRISTIANISME	ISLAM	BOUDDHISME
500 000 **0,8 %**	41 millions de catholiques **51 %** 900 000 protestants **2 %** 200 000 orthodoxes	4 millions **6 %**	750 000 **1,5 %**

LES PRINCIPALES OBÉDIENCES DE L'ISLAM

DOGME	OBÉDIENCE	
Le calife est choisi parmi les membres de la tribu de Mahomet	**Sunnites** (85 % de la communauté musulmane)	
L'imam n'est pas choisi en fonction de son origine	**Kharijites** Aujourd'hui : **ibadites** (1 % de la communauté musulmane)	
Le titre d'imam est réservé à un descendant d'Ali (600-661), gendre du Prophète	**Chiites**	CHIITES
Le titre d'imam est réservé à un descendant d'Ali, qui doit aussi faire preuve de qualités militaires, de science et de piété	**Zaydites**	CHIITES
L'imam doit être choisi dans la succession du 4ᵉ imam Zayd ben-Ali, arrière-petit-fils d'Ali, petit-fils de Husayn et fils du 4ᵉ imam Ali Zayn-al-Abidin (658-713)	**Zaydites du Yémen**	CHIITES
Ismaïl, fils du 6ᵉ imam Djafar al-Sadiq (703-765) est considéré comme l'imam caché, le Mahdi, qui doit revenir à la fin des temps	**Ismaéliens** ou **imamites septimaniens** Aujourd'hui : **druzes**	CHIITES
Muhammad ibn Nusayr al-Namiri al-Abdi (mort en 884), disciple du 11ᵉ imam, est considéré comme un nouveau prophète	**Alaouites**	CHIITES
Le 12ᵉ imam, Muhammad al-Duntazar (868-878), est le Mahdi	**Imamites duodécimains** ou **chiites imamites** (14 % de la communauté musulmane)	CHIITES

L'INDE : UNE MOSAÏQUE GÉANTE

LES LANGUES OFFICIELLES DE L'UNION INDIENNE

L'Union indienne est une gigantesque mosaïque de 1,187 milliard d'habitants regroupant 28 États et 7 territoires, de taille et de population très différente. Sur les 1 600 langues et dialectes répertoriés, 23 langues sont reconnues aux niveaux fédéral ou national.

AU NIVEAU FÉDÉRAL	LOCUTEURS
Hindi	410 millions
Anglais	320 millions

AU NIVEAU DES ÉTATS (LANGUES NATIONALES)	
Assamais	17 millions
Bengalais	160 millions
Bodo	600 000
Dogri	2 millions
Cachemiri	5 millions
Goujarati	45 millions
Hindi	410 millions
Kannada	40 millions
Konkani	2 millions
Maithili	24 millions
Malayalam	35 millions
Manipouri	1,7 million
Marathi	75 millions
Mizo	700 000
Népalais	2,5 millions
Oriya	34 millions
Punjabi	30 millions
Sanscrit	5 000
Santali	6 millions
Sindhi	3 millions
Tamoul	61 millions
Télougou	80 Millions
Ourdou	55 millions

LES OBJETS FAMILIERS DE GANDHI

« Les biens terrestres de la Grande Âme : deux paires de sandales fabriquées à l'ashram, une montre Ingersoll en acier, volée puis restituée ensuite par le voleur, un livre sacré parmi ceux dont Gandhi ne se séparait pas – le Bhagavad Gita de l'hindouisme, le Coran, la Bible – et les trois petits singes d'ivoire dont le premier a les mains sur les oreilles, le second les mains sur les yeux, le troisième sur la bouche : « N'écoute pas le mal, ne vois pas le mal, ne dis pas le mal. »

C. Clément, *Gandhi athlète de la liberté*, Gallimard « Découverte », 1989.

CRÉDITS ICONOGRAPHIQUES

p. 8 : Liz Taylor dans *Cléopatra*, 1963 © 20 th CENTURY FOX/Album/AKG ; p. 15 : collection particulière ; p. 19 : collection particulière ; p. 21h : collection particulière ; p. 21b : collection particulière ; p. 25 : collection particulière ; p. 29 : *The Vintage Festival*, Sir Lawrence Alma-Tadema, 1870. Huile sur toile, 77 x 177 cm. Hambourg, Kunsthalle. © akg-images ; p. 34-35 : Lampe en forme de pied chaussé d'une sandale, découverte à Byblos en Phénicie. Ier- IIe siècle apr. J.-C. Paris, Musée du Louvre. © RMN/Hervé Lewandowski ; p. 37 : *Scènes de combat de gladiateurs*. Mosaïque du IVe siècle. Musée archéologique, Madrid. © PrismaArchivo/Leemage ; p. 39 : Détail d'un fragment du calendrier gaulois de Coligny. Fin Ier-début IIe siècle, gravé sur bronze. © Collection Dagli Orti/Musée de la Civilisation Gallo-Romaine Lyon/Gianni Dagli Orti ; p. 41 : collection particulière ; p. 44 : *Fresque romaine érotique*. Musée archéologique de Naples. © Collection Dagli Orti/Musée archéologique de Naples/Alfredo Dagli Orti ; p. 45 : Mosaïque romaine du IIIe - IVe siècle. Villa del Casale, Piazza Armerina (Sicile). © Cuboimages/Leemage ; p. 47 : *Les Tétrarques*. - (Dioclétien, Valère, Maximien, Constantin). Porphyre, IVe siècle. Venise, Basilique Saint-Marc. © Hervé Champollion/akg-images ; p. 51 : *Chi Hoang de la dynastie des Tsin (221-206) fait brûler tous les livres chinois et précipiter les lettrés dans une fosse*. Miniature, in Recueil historique des principaux traits des empereurs chinois, XVIIIe siècle. Paris, BN. © Photo Josse/Leemage ; p. 54 : collection particulière ; p. 57 : Bateau byzantin attaquant avec feu grégeois. © Oronoz ; p. 60 : collection particulière ; p. 63 : Pierre runique. Musée préhistorique Moesgard Hojbjerg Danemark. © Collection Dagli Orti/Musée préhistorique Moesgard Hojbjerg Danemark/Gianni Dagli Orti ; p. 67 : *Couple adultérin condamné à une parade publique*, 1296. © BNF ; p. 68 : collection particulière ; p. 73 : *La luxure tenant encordée l'avarice*, chapiteau roman du XIIe siècle, Église Saint-Martin, Landiras, France. © La Collection/Jean-Paul Dumontier ; p.77 : Enluminure du XVe siècle, tirée d'une anthologie sur les traitements médicaux. Londres, British Library. © akg-images/British Library ; p. 79 : Buste reliquaire de Frédéric Ier (vers 1123-1190), fabriqué à Aix-la-Chapelle, 1155-1171, par l'École allemande, (XIIe siècle). Bronze doré. Église Saint Jean, Cappenberg, Allemagne. © The Bridgeman Art Library Nationality ; p. 81 : *Scènes de vie des étudiants au Collège de Hubant ou de l'Ave Maria à Paris*. Page du manuscrit *Livre des statuts du Collège de Hubant ou de l'Ave Maria*, 1387, Paris, Archives nationales. © Photo Josse/Leemage ; p. 84 : Détail de l'*Atlas Catalan*, 1375, d'Abraham Cresques (1325-87). Bibliothèque Nationale, Paris, France. © The Bridgeman Art Library Nationality; p. 85 : Papier de la banque à l'époque de la dynastie Ming en Chine. Gravure coloriée. © North Wind Pictures/Leemage ; p. 87 : La Bataille de Crécy, le 26 août 1346. Miniature du XIVe siècle tirée du manuscrit *Chroniques de Jean Froissart* (1337-1400). Paris, BN. © Photo Josse/Leemage ; p. 88h : collection particulière ; p. 88b : collection particulière ; p. 90 : collection particulière ; p. 93 : Paravent dit « des Portugais » représentant l'arrivée des jésuites portugais au Japon au XVIe siècle. 1590-1614. École Kano (?). Musée National d'Art Antique, Lisbonne. © Photo Josse/Leemage ; p. 94 : © collection particulière ; p. 97 : Ébauche d'automobile par Léonard de Vinci, 1493. Plume et encre. *Codex Atlanticus*. © Leemage ; p. 98 : collection particulière ; p. 102 : Talisman de Catherine de Médicis. © Rue des Archives ; p. 104 : *Des Indiens Aztèques ayant contracté la variole auprès des Espagnols sont soignés par le médecin*. Illustration extraite du traité de Bernardino de Sahagun *Histoire générale de la Nouvelle Espagne*, XVIe siècle. © The Granger Collection NYC ; p. 105 : Hommage de la province de Tochtepec, extrait du *Codex Mendoza*, manuscrit probablement écrit dans les années 1540. Bodleian Library Oxford. © Collection Dagli Orti/Bodleian Library Oxford ; p. 107 : Pamphlet sur Théophraste Renaudot. © Coll. BHVP-Grob/Kharbine-Tapabor ; p. 111 : collection particulière ; p. 112 : collection particulière ; p. 113 : collection particulière ; p. 114 : collection particulière ; p. 118g, m, d : *Mousquetaires de Jacques de Gheyn*. Gravure sur cuivre, coloriée, extraite du *Traité sur les armes : canons, mousquets et piques*, La Haye 1607. © akg-images ; p. 119 : collection particulière ; p. 125 : collection particulière ; p. 129 : collection particulière ; p. 130 : Carte de France divisée selon le plan proposé à l'Assemblée nationale, 29 septembre 1789, par Hennequin. © BNF ; p. 133g : collection particulière ; p. 134g : Projet pour la Grande Armée 1812. *Sabretache de colonel de hussards*. Gouache, 1812, de Carle Vernet (1758-1836) et collaborateurs, sous la dir. de Bardin. Paris, Musée de l'Armée. © akg-images ; p. 134d : *Napoléon Ier, empereur des Français* par Jacques-Louis David, 1812. Huile sur toile, H. 2,04 ; L. 1,25. Samuel H. Kress Collection. Washington, National Gallery of Art. Détail. © akg-images/Erich ; p. 135h : collection particulière ; p. 135b : *Franc Germinal*. Face : Bonaparte Premier Consul. Revers : 1 franc. An IX. © BNF ; p. 136 : collection particulière ; p. 137 : collection particulière ; p. 138 : collection particulière ; p. 143 : collection particulière ; p. 146 : collection particulière ; p. 151 : collection particulière ; p. 152 : *Napoléon passant devant les troupes à la bataille d'Iéna* (détail), tableau d'Horace Vernet, 1836. © akg-images/Erich Lessing ; p.153h : *Vive L'Empereur*, 1891, huile sur toile de Jean-Baptiste Édouard Detaille (1848-1912). © Art Gallery of New South Wales, Sydney, Australia/The Bridgeman Art Library ; p.153b : *Combat dans les rues d'un village*, 1870. Huile sur toile de Paul-Louis-Narcisse Grolleron. Paris, Musée de l'Armée. © Paris-Musée de l'Armée, Dist.RMN/Photo Musée de l'Armée ; p. 155 : collection particulière ; p. 157 : collection particulière ; p. 158 : collection particulière ; p. 162 : © Courtesy of Mount Vernon Ladies'association ; p. 163 : Tour de forage à Titusville (Pennsylvanie, USA) construite après la découverte d'un gisement de pétrole le 27 août 1859 et le premier percement d'un puits par le colonel Edwin Laurentine Drake. – Photographie, 1859. © akg-images ; p. 165 : *La reine Victoria de Grande Bretagne et d'Irlande, et impératrice des Indes, sous les traits de la reine Yoruba*. © P. Gries/V. Chenet/Musée du Quai Branly/Scala ; p. 166 : *Le Dictateur*, film de Charlie Chaplin. © collection Christophel ; p. 168 : collection particulière ; p. 169 : collection particulière ; p. 170 : Soldat équipé tenant un fusil Lebel muni de sa baïonnette. - Carte postale, vers 1916. Collection particulière. © akg-images ; p. 171 : collection particulière ; p. 172 : collection particulière ; p. 175 : © Collection Pierre de Gigord/Adoc photo ; p. 176 : collection particulière ; p. 179h : *Vorochilov, Molotov, Staline et Iéjov sur le canal Moscou-Volga* © Ria Novosti ; p. 179b : *Vorochilov, Molotov, Staline et sans Iéjov sur le canal Moscou-Volga*. © Ria Novosti ; p. 185 : Guerre 1939-1945. Tank en caoutchouc (leurre) en Angleterre. © Roger-Viollet ; p. 186 : collection particulière ; p. 190 : Opératrices sur la machine à calculer « Eniac » avec, à gauche, deux tableaux de lecture. États-Unis, 1946. © Jacques Boyer/Roger-Viollet ; p. 197 : collection particulière ; p. 198 : © Jose Nicolas/Sipa ; p. 200 : collection particulière.

Schémas et cartes : Orou Mama : p. 83 ; 108 ; 115 ; 116 ; 121 ; 191 ; 192 h et b

LES 1001 FAITS INSOLITES DE L'HISTOIRE

Conception et réalisation éditoriale : Gaëlle Mauduit Éditions

Direction artistique et mise en pages : François Huertas

Schémas : Orou Mama

Recherche iconographique : Michèle Kerneïs et Pierre de Taillac

Relecture et corrections : Valérie Talamon

Photogravure : Nord Compo

ISBN 9782849411391
Code Sodis : 7245408
Dépôt légal : octobre 2009

Achevé d'imprimer en septembre 2009 par EMD S.A.S. (France)
N° d' imprimeur : 22007